어느
# 불량 출판사
## 사장의
## 자술서

# 어느 불량 출판사 사장의 자술서

최용범 잡문집

## 서문

 올해로 페이퍼로드를 창업한 지 20년이다. 그동안 200여 종의 책을 펴냈다. 그게 인생의 전부인 것 같다. 직원들과 술 마시며 작업하고, 저자와 그 외 관계자들과 만나 책과 인생을 얘기하며 술 마셨다. 책이 주인지 술이 주인지 제대로 가늠하기 힘들 정도다.

 1987년 대학을 입학한 이후 일상의 많은 부분을 술과 함께 했다. '서울 지역 대학 문학써클협의회'와 '대학생문화운동연합'를 조직하면서 전국의 청년학생들을 만나서도 술은 꼭 함께했다. 처음 만난 사람들과의 대면이 부끄러워 마셨던 술이, 사람들과의 만남이 많아지면서 필수품이 되었다. 대학 시절에도 술을 끊으면 정말 열심히 공부하겠다는 자성이 생기기도 했다. 그러나 뜻대로 되는 것은 아니었다. '칼로 흥한자 칼로 망한다'고 그랬던가. '술로 흥한 자도 술로 망한다'. 그래도 20, 30대에는 인간관계의 약이 되기도 하고, 본업을 유지하는 데 크게 장애가 되지 않았던 술이 마흔 즈음서부터 독이 됐다. 지금 돌이켜보면 서른 중반부터 오십 중반까지의 20년 청춘을 술로 탕진한 것 같다. '청춘', 말만 들어도 설레는 그 시기를 말이다.

그래도 지난 1년 이상 나는 술에서 해방됐다. '술독'에 빠지고 깨고 나면은 일주일이고 보름이고 시간이 나도 모르게 지나고 있었다. 꽃이 피고, 지는 것도 몰랐다. 눈 내리고 새싹 나는 것도 보질 못했다. 그런 술에서 해방된 것이다.

탕진했던 지난 20년 세월을 돌릴 수는 없다. 하지만 얼마나 될지 모르지만 남은 인생은 정신과 전문의 이근후 선생의 말씀대로 '죽을 때까지 재미있게 살고, 그리고 무모하게 살'고 싶다. 페이퍼로드 출판사의 재건을 시작했다. 부끄럽지만 독자 여러분들의 응원을 부탁드린다.

2025년 9월의 아름다운 어느 날
저자 최용범 드림

## 차례

서문     004

## Publication History

어느 불량 출판사 사장의 자술서     011
내가 만난 책과 사람     057

## Historical Essays

토포악발(吐哺握髮)     077
명성황후 홀린 '진령군'을 최순실에 비길쏘냐     097
희대의 바람둥이, 카사노바(Casanova)     108

## Screenwriter Interview

김운경 - 세익스피어도 방송극 썼을 겁니다     137

## Comic Book Reviews

| | |
|---|---|
| 이것이 진짜 '특종'이다 | 163 |
| 도박에 열중하는 염세주의자는 없다 | 172 |
| 너희가 백수의 백일몽을 아느냐 | 181 |
| 매춘부와 형사 사이에 영원한 사랑은 가능할까 | 192 |
| 우리 시대의 '불륜' 들여다보기 | 203 |
| 땀내 묻어나는 현장감 그리고 리얼한 스토리 | 214 |
| 한 전공투세대 만화가의 '우향우' | 224 |
| 선과 악, 둘 중 하나가 주먹 속에 있다 | 233 |

## Memories

| | |
|---|---|
| 땀의 의미 가르쳐주신 연탄장수 | 243 |
| 어머니의 굳은살 | 247 |
| 세월 – 부부 이야기 | 248 |
| 야한 여자 | 249 |
| 무진장 아가씨 | 250 |
| **벗이 쓴 책에 붙인 글 1.**<br>아버지의 첫 직업은 머슴이었다 | 251 |
| **벗이 쓴 책에 붙인 글 2.**<br>내가 있는 곳이 세상이다 | 254 |

# Publication
## History

# 어느 불량 출판사 사장의
# 자술서

2005년 여름 무렵부터 이른바 출판기획자이자, 역사작가인 최용범은 고민에 쌓여 있었다. 어떤 인생을 살 것인가를 나름 심각하게 고민하고 있던 것이다. 마흔을 조금 앞둔 그의 고민은 진로문제였다. 그가 2001년 쓴 『하룻밤에 읽는 한국사』는 그 당시 10만 부 가까이 판매되고 있어 생계는 큰 문제가 없었다. 위즈덤하우스 김태영 사장

이번 장의 앞부분은 한국출판마케팅연구소가 발행하는 〈기획회의〉에 2010년 당시 게재한 것으로 페이퍼로드 창립 후 5년 동안의 일이다. "**그 후의 이야기 – 알콜에 지배되다**"는 그 이후로부터 2025년 9월 현재까지 15년간의 이야기다.

의 아이디어를 집요하게 파고들어 그가 3년 만에 현실화한 『한국의 부자들』은 60만 부 이상 판매되었다. 사실 이 책은 저자이자 대학 문학반 선배인 한상복이 출판사를 같이 하자며 기획했던 첫 원고였다. 하지만 한상복의 개인적인 사유로 위즈덤하우스에 매각했던 것이었다. 최 씨는 이 책으로 1억 원 이상을 받았다. 매각 로얄티였다.

## 30대 초반부터 뒷방 늙은이 신세

밖에서 보기엔 별 고민 없어 보였을 것이다. 천만의 만만의 콩떡! 그는 뭔가를 선택해야 했다. 절박했다. 출판기획자로 살기에는 매우 심심했다. 하는 일에 비해 소득은 많지만, 왠지 몸에 안 맞는 것 같고, 노동에서 소외되는 것 같았다. 남에게 간섭하기도 싫고 간섭받기도 싫어하는 성격이라 그렇다. 더구나 기획의 최종 결정권도 없었다. 지금에서야 출판사 사장으로서 의사 결정에서의 직원들과 협의하는 게 중요하다는 것을 알고, 또 그 책임을 누군가 짊어주면 좋겠다 싶지만, 당시만 해도 고집이 셌다.

위즈덤하우스가 한창 성장하고 있을 때라 기획회의의 규모는 커졌다. 어느 정도 조직이 커지면 어느새 관료주

의화하고 구성원은 바보가 되고, 비효율적으로 되기 쉽다. 모든 조직의 성장통이라 할까? 당시만 해도 조직의 생리학을 몰랐다. 다만 화가 났다. 10년을 해온 내가 합의를 도출해야 할 정도인가. 누군가는 오만하다고 할지 모르지만, 술과 출판에만 매달려온 내가 어찌 초짜들과 겸상할 수 있는가. 참 오만할 때이다.

그렇다고 출판사를 직접 할 생각도 없었다. 사장 제의를 받았지만 무지 귀찮았다. 사장의 자리야 뻔하지 않나. 직원 관리에 돈 문제. 지레 생각하고 아예 고려하지도 않았다. 다음은 전업작가의 길. 한국의 다치바나 다카시나 같은 작가도 되고 싶었다. 영어, 일어, 중국어도 열심히 공부하고 책도 열심히 읽어 한 테마를 무식하게 밀고 가고 싶었다. 다치바나처럼 사회를 뒤흔들 테마를 잡아 열심히 공부하고 쓰고자 했다. 그런데……. 그러기에는 너무도 게을렀다. 그리고 그간 써온 『하룻밤에 읽는 한국사』, 『13인의 변명-역사인물 가상인터뷰』, 『하룻밤에 읽는 고려사』 등은 글을 썼다는 성취의 기쁨보다 글을 쓰는 과정의 고통이 훨씬 심했다. 글은 손이 쓰는 것이 아니라 엉덩이가 쓰는 것이다. 최 씨는 엉덩이가 너무도 가볍고 입도 가벼워 친구들과의 수다를 좋아했다. 작가의 그릇이 아니다. 물론 한국 교양서 시장이 작아서도 문제지만 그건 부차적인 문제다.

공부도 하고 싶었다. 학교 다닐 때 공부 못한 것이 아쉽고, 역사 글쓰기의 원천 기술도 확보할 겸 대학원도 가봤다. 모교인 성대 동양철학과. 그런데 가보니 이곳은 공부할 거라면 목숨 걸고 해야 하고, 학위만 딸 거라면 대충 다니면 된다. 목숨 걸고 하자니 생업을 못 하고, 학위만 따자니 딸 필요도 없다. 그래서 술만 마시다 왔다. 교수는 시켜도 못할 것 같다. 직장생활 같으니까. 연구자의 생활도 못 하겠구나 싶었다.

도대체 뭘 해야 하나. 그것이 최 씨의 고민이었다. 그때 번뜩 떠오른 아이디어. 출판기획연구소를 내보자. 출판 기획의 소스를 영미권, 일본, 중국, 유럽권에서 받아오고, 국내의 각종 전문 잡지와 연구소 간행물, 석박사 논문에서 정보를 훑어서 출판사에 서비스하자. 연회비 얼마씩만 받으면 유지 가능하고, 기획료나 인세를 받으면 부가가치도 높을 것이 아닌가. 이런 생각으로 사무실도 차렸다. 출판 마케팅이나 기획 쪽 후배들의 반응도 좋았다. 그중의 한 친구가 해줬던 한마디가 기억난다. "지금 마케팅은 돈질이잖아요. 기획같이 부가가치 높은 것을 연구하는 게 좋을 것 같아요."

그런데 막상 출판사 사장에게 자문을 구하니 거꾸로 된 답이 나왔다. 위즈덤하우스 김태영 사장은 "그거, 돈 안 되는데…. 쉽지 않을 텐데…."라며 고개를 갸웃거렸다. 심지어 다우 출판사 고영석 사장은 "출판 판에서 그런 데에 돈 쓸 사람이 있을까? 더구나 너처럼(성질 더러운 놈)이 수금하려면 고생할 텐데…."라며 본질을 찔렀다. 아, 이래서 사장이구나.


### 마누라

'에라, 이렇게 된 바에 출판사를 해야겠다.' 이렇게 생각하면서 시작했다. 뭐, 이렇게까지 즉흥적으로 한 것은 아니었다. 어찌 됐든 뭔 사업이야 해야 하니까 마누라와 고민을 나눴다. 마누라는 쿨했다. "당신은 자기가 하고 싶은 일 못 하면 못 견디는 사람이잖아. 망하면 시골로 가지, 뭐." 지금도 그렇지만 시골엔 처갓집도 있고 친형이 폐교를 개조한 수련원도 있었다. 망하더라도 처자식 데리고 갈 곳은 있는 것이다.

2006년 1월 전셋집을 줄여 마련한 돈 3,000만 원을 가지고 출판사 등록을 했다. 원고도, 돈도, 필자도 없던 때인데 뭔지 모르게 걱정도 없었다. 당시 가진 생각은 세 가지였다. 첫째, 무조건 5년은 한다. 망해도 5년은 간다. 둘째, 어설프게 원가 절감한다고 내가 글을 쓰거나 교정보지 않는다. 이른바 절필 결심인데 소주 한잔하면서 뭔가 중대한 결심이라도 한 양 비장했던 기억이 난다. 셋째, 이렇게 5년 버티고 나면 미디어그룹을 만들자. 사실 미디어그룹의 내용은 그도 잘 몰랐다. 그저 오래 가려면 먼 곳을 바라봐야 할 것 같았다. 그것이 지금도 힘이 돼주고 있는 것 같다. 당시 출판사 영업부 직원 윤모 대리에게 어느 날 마포방송국에서 찾아왔다. 지역의 출판사 탐방프로그램이었다. 페이퍼로드의 앞으로의 지향점이 뭐냐는 말에 달랑 직원 3명 있는 출판사의 영업부 대리의 일성. "우리는 미디어그룹으로 갑니다." 그리고 방송국 리포터의 뜨악한 표정. 그래도 이런 지향점이 있으니 나름 힘이 되긴 되는 모양이다.

## CEO의 습관

처음 사무실이 자리 잡은 곳은 공덕동 풍림VIP텔. 선배의 호의로 시세의 절반 가격으로 들어가 작업실로 썼다. 이곳에서 페이퍼로드의 첫 책인 『CEO의 습관』 저자가 될 〈세계일보〉 김성회 기자를 만나게 되었다. 소개해 준 이는 창의력 컨설턴트인 박종하 박사. 고대 수학과를 나와 카이스트에서 박

내 사람을 만드는 CEO의 습관

사 학위를 받은 뒤 삼성전자 중앙연구소에서 일하다 창의력 컨설팅이란 새로운 세계로 뛰어든 독특한 이력을 가졌으면서도 참 착한 사람이었다. 위즈덤하우스 시절 가디언의 신민식 대표(당시 마케팅 담당 이사)의 소개로 만났지만 정작 책은 출간하지 못하고 술과 밥만 나누는 사이였다. 담배 냄새 퀴퀴한 방에서 차 한잔하다 CEO 전문 기자라는 말에 5년 전 후배의 말이 생각났다. 지금은 〈시사IN〉에 있는 차형석인데 최 씨가 한상복 씨와 출판을 한다는 말에 "형, 『CEO의 습관』 어때?"하던 말이 기억났다. 언뜻 저자가 맞을 것 같아 제안해보니 김 기자 역시 오케이 했다.

그 뒤 일은 일사천리로 진행됐다. 출판 계약을 맺은 뒤 목차 작업에 돌입했다. 저자가 써온 목차에 그가 CEO의 자기 관리, 일하는 습관, 인맥 만들기 등의 범주를 묶어 체계화했다. 당시 〈세계일보〉에 재직 중이던 김성회 기자는 원고를 일주일에 두세 꼭지씩 보내오기로 했다.

그리고 원고는 어김없이 왔다. 감동했다. 사업을 시작하던 초창기라 보내온 원고 하나하나 모두 힘을 주는 것이었다. 박카스 몇 병보다 큰 힘이었다. 아침에 약수터로 운동 갈 때면 그 글을 보약 삼아 걷기도 했다. 가령 이런 글이다.

"진정한 성공은 계산기를 두드리는 데 있지 않다. 내 잔이 넘치도록 역량을 키우고 남과 나눌 때 그 이상으로 돌아온다. 정보고 지식이고 아까워하지 말고 주위와 나누는 것이 CEO들의 공통점이었다."

첫 책이라 상당히 공을 들였다. 차형석 군의 아이디어 제안으로 이 책의 주된 독자인 직장인, 대학생, 이제 막 회사를 창업한 이 등을 초청해 평가 좌담회를 한 뒤 이를 후반부에 정리해 실었다. 또 면지에는 '나의 CEO 자질 테스트'를 실었다. 뭐, 얼마나 객관적인 지표겠냐만 그래도 읽을거리 삼아 실었다. 아무래도 가장 소중한 것은 '나'니까? 독자들은 이런 장치를 통해 매대에서 우리 책에 조금이라도 머물러 있게 할 수 있을 것이다. 사실 이 아이디어는 『한국의 부자들』을 만들 당시 외주 편집자의 아이디어를 활용한 것으로 당시는 '부자소질 테스트'였다. 이때 반응이 상당히 좋아서 『CEO의 습관』에도 원용한 것이었다.

이번에도 반응이 괜찮은 편이었다. 『CEO의 습관』의 꼭지 중 20여 개를 정리해 〈한국경제〉와 〈매일경제〉에 각 2회 정도씩 광고했는데 독자 전화가 많았다. 점심 도중에도 세 통의 전화가 걸려와 함께 한 손님에게 미안할 정도였다.

그런데 요즘은 광고해도 통 반응이 없다. 광고 카피나 디자인이 안 좋은 것인가? 매체력이 떨어져서인가. 첫 책, 개업 시기라 그런지 열정도 많았고, 열심히도 했던 것 같다. 물론 뚜껑도 많이 열려 씩씩대던 때도 꽤 있었다. 1.5명의 직원과 다섯 차례가 넘는 강연회, 판촉물(명함 케이스) 마케팅, 포스터 제작, 출판기념회 개최, 홍보 활동 등 지금 같으면 몸이 못 따라갔을 정도이다. 하긴 이 정도야 창업하는 사장이면 누구나 할 것이다.

## 작은 전환점, 출판기념회

그해 6월 말 첫 책을 낸 뒤 저자가 조심스럽게 의사를 타진해왔다. '출판기념회'를 하고 싶다고. 너무 조심스럽게 제안하기에 예산이 얼마나 필요하냐고 물었다. 프리마 호텔 사장의 후원금 300만 원을 합해 600만 원이라고 했다. 얼마나 없어 보였으면 이렇게 조심스럽게 얘기할까도 생각했지만 기실 그의 생각은 달랐다. 그게 얼마나 큰 비용이겠냐고. 그 출판기념회에 초청받은 사람들은 100대 기업 CEO에서부터 대학 총장까지 평소 보기 힘든 분들이었다. 그런 분들을 가깝게 뵙고, 얘기를 나누는 데에 들어가는 비용으로서 크다는 생각이 들지 않았다. 돈도 없는데 어떻게 그런 생각이 났는지 모른다. 최초 개업 후 6개월 동안은 돈을 만질 생각을 하지 않았는데 첫 달부터 1,000만 원이 넘는 돈이 들어와서 그랬는지.

여하튼 사람의 인연은 모른다고 손욱 전 농심 회장을 같은 테이블서 만나 인연이 되었다. 손 회장께서 그때 역사에 대한 언급을 많이 하셔서 경영학과 역사를 한 곳에 녹여낸 책이면 어떨까 하는 생각에서 따로 한번 뵙기로 했다. 그런데 손 회장께서는 한국학 중앙연구원의 박현모 박사(『세종처럼』의 저자)를 소개시켜 주시고. 그와 다르게 당신이 대신 작업하고 계시는 『십이지 경영학』의 출간을 제안했다. 당연히 반가운 작업이었지만 출간까지는 2년이란 시간을 기다려야 했다. 대신 원고를 논의하던 중에 뜻밖으로 커다란 성과를 건져 올릴 수 있었다.

원점에 서다

손 회장이 가장 애독한다는 『원점에 서다』와 『살아남는 회사』를 소개받은 것이었다. 일본 최고의 컨설팅회사 중 하나인 JEMCO의 창업자로 매출 100억 엔을 올린 사토 료 회장의 명저로 일본에서 1973년에 나온 당대의 베스트셀러였다. 우리나라에서는 삼성전자, 삼성인력개발원, 삼성종합기술원에서 사내 출간돼 교육 필독서로 쓰인 현장의 숨겨진 고전이었다. "자신이 하는 일의 진정한 목적이 무엇인지 생각 없이 그저 시간을 보내거나, 관성적으로 움직이지 않는가? 일의 진정한 목적이 무엇인지 떠올려보라!"

출간할 때만 하더라도 이 책이 5만여 부 이상 소화되리라곤 생각하지 못했다. 첫 번째 계기는 북코치 권윤구 씨가 인터넷 서점에 올린 매혹적인 서평이었다. 지금은 지워져 있어 길게 인용하지는 못하겠지만 책의 핵심을 잘 간취한 서평이었다. 그러자 첫 주에 반응이 조금 오더니 〈중앙일보〉 김성희 기자가 짧지만 임팩트 강한 서평을 "BOOK 책갈피" 코너에 실어주었다.

"사례 1. 대부분의 회사에는 비용 전결(專決) 기준이 있다. 낭비를 줄이기 위해 큰 돈의 지출은 간부가 관리토록 하자는 의도다. 예컨대 50만 원 이하는 과장 전결, 100만 원 이하는 부장 전결, 그 이상은 이사 전결하는 식이다. 한 일본 회사는 반년 동안 이같은 과장전결 건수는 850건, 부장 전결은 120건이었다. 그런데 총액은 과장 전결분이 2300만엔, 부장 전결분이 800만 엔이었다. 언뜻 큰돈은 상급자가 주무르는 듯하지만, 실제는 과장이 관리하는 금액이 더 많다. 일본에서 이름난 경영컨설턴트인 지은이는 이런 현상이 목적을 잃어버렸기 때문에 일어난 것이라 지적한다. 그러면서 지금까지 관행처럼 따르고 있던 일들에 대해 '이 일을 안 하면 회사가 망하는가 혹은 어떤 피해가 있는가', '이 일을 없애기 위해서는 무엇이 필요하고, 무엇을 해야 하는가?' 등을 원점에서 따지고 다시 생각하라고 조언한다.

사례 2. 기업 수위들이 야간 순찰을 할 때 시계를 들고 정해진 코스를 시간표에 따라 돈다. 그뿐 아니라 순찰함에 지정된 시간에 지정 장소를 순찰했다는 근무태만을 저지르지 않았음을 '증명'한다. 그런데 이를 도둑의 입장에서 보면 이보다 편리한 제도가 없다. 수위가 지나지 않는 곳으로, 혹은 수위가 지나지 않는 시간에 들어가면 들킬 위험이 없으니 말이다.

책은 일본 기업에서 벌어지는 이런 어처구니없는 일들과 개선 사례로 가득하다. 지은이는 '잊혀진 목적', '그릇된 목적', '지나친 목적' 등 6개 부문으로 나눠 설명하는데, 내용이 너무 평이해서 보통 직장인이라면 무릎을 칠 사례가 적지 않다.

자동차 히터를 개선하는 데 히터의 목적을 '차내에 열풍을 공급하는 것'이라 정의하면 팬을 사용할 것인가 부채처럼 위아래로 보낼 것인가 하는 방법만 고려하게 된다. 그러나 히터를 '승객을 따뜻하게 해주는 것'이라 보면 좌석 전체를 전열시트로 바꾼다 등 다양하고도 획기적 개선안이 나오게 된다고 한다.

매혹적이고 독특한 조직계발서다. 삼성그룹의 사내교재로 사용됐다는 추천서가 허투루 들리지 않을 정도로. 개인에게도 적용할 여지가 충분하다."

서평이 나간 뒤 독자들의 반응이 빨랐다. 기사의 힘을 받은 뒤 띠지 카피인 "삼성그룹에서 세 번이나 출간된 경영 필독서"를 메인 카피로 한 5단 통광고를 경제지 중심으로 세 차례 정도 연이어 한 뒤 분기별로 1, 2회씩 광고하며 흐름을 이어갔다. 그리고 이듬해 2008년 삼성경제연구소 필독서로 선정되면서 판매는 더욱 탄력을 받았다. 그해 여름에만 1만여 부가 판매되었고, 그 뒤에도 기업을 중심으로 꾸준히 단체 매출이 이어지고 있다.

### 페이퍼로드의 역사서

페이퍼로드는 경제 경영서를 한 축으로 하고, 다른 한 축으로는 인문·역사서를 중심으로 굴러간다. 뭐, 일부러 그렇게 가려고 한 것도 아니었다. 경제경영서는 더난출판사에서 경영서로 밥 먹은 2년여 세월 때문에, 역사서는 어떻게 하다 보니 작가로 생활하게 되어 연쇄적으로 기획하게 된 것이다. 지금껏 8종의 역사서를 냈는데 『난세에 간신 춤춘다』, 『108가지 결정』 등 대다수 책이 묵은 기획이었다. 『난세에 간신 춤춘다』는 2007년 초 『다시 쓰는 간신열전』을 재출간한 것이다. 이 책은 2003년 무렵 기획해 저자를 찾지 못해 출간하지 못하고 있었다. 그러다 출판사 차리고 딱히 할 일이 없어 〈한겨레〉 계열의 주간지 〈이코노미21〉(현재는 폐간됨)에 연재하면서 필자를 찾았다. 마침 찾은 필자가 신돈, 광해군, 박정희 등을 법정에 세운 『역사법정』의 저자 함규진 박사였다. 함 박사는 글이 좋고 또 빨리 써서 2006년 가을 계약해 이듬해 2월에 낼 수 있었다. 출간 당시 언론 반응도 좋았지만 5,000부에서 멈추고 더 이상 찍지 않았다. 표지건 내지건 최선을 다하지 못했다는 자괴감 때문이었다.

함 박사와는 그 뒤로도 책을 두 권 더 냈다. 2003년 〈월간중앙〉을 통해 기획하고, 이이화 씨나 이덕일 씨 등 역사학자 105명을 상대로 설문 조사한 "한국인의 운명을 바꾼 역사적 선택" 특집물을 바탕으로 함 박사가 각 결정을 해설한 원고였다. 이 역시 언론의 주목도가 높았고, 문광부 추천도서로도 선택됐다. 이와 함께 차형석 군이 아이디어를 준 『왕의 투쟁』 역시 반응이 좋았다. 차 군이 박시백의

『만화 조선왕조실록』을 보며 왜 저렇게 왕과 왕자는, 왕과 신하는 목숨 건 투쟁을 벌이는가? 그 궁금증에 기초해 조선 왕실의 권력 투쟁을 분석해보는 기획이었다. 이 단계에서 함 박사는 세종, 광해군, 연산군, 정조 네 임금의 인사권 행사 내용, 형벌권 남용 여부, 왕과 언론, 여자와의 관계 등을 집중 분석하는 노력을 마다하지 않았다.

그런데 갈수록 역사서 만들기가 쉽지 않다. 대중적 필력에 역사적 안목을 갖춘 필자가 드물기 때문이다. 페이퍼로드도 국내 역사서를 더 내고 싶은데 저자 풀이 적어 주로 외서에 의존하게 된다. 쉽지 않은 길이다.

## 가야 할 길

돌이켜보면 별다른 고생도 없이 그저 무난하게 온 것 같기도 하다. 편집도, 제작도, 영업도 몰랐는데 어떻게 하다 보니 5년을 넘어 20년을 버텨온 것 같다. 고비 때마다 출판 제작을 맡겨 현금 흐름을 좋게 해준 분들도 있었고, 큰 기대 없이 출간했는데 엄청난 반응이 있기도 했다. 초기부터 원가를 따지지 않고 장사했는데, 그래도 큰 빚 없고, 꾸준히 팔리는 책이 7, 8종이라 신기하기도 하다. 양

질의 필자도 많았다. 직원들도 서로를 챙겨주는 경우가 많다. 누가 아프면 먼저 이른다. 일하는 기쁨도 조금 있고, 사람 사는 맛도 아는 것 같다.

그러나 가야 할 길은 멀었다. 사장의 말버릇처럼 사장만 잘하면 우리 회사는 잘된다. 3년 차가 되던 해 『원점에 서다』가 직판으로 3,000부 이상 팔려 도쿄로 전 직원이 놀러 갔다(그래도 3명뿐이었다). 앞으로 더 많은 기회가 돼 더 많이 놀러 갔으면 한다. 『야마다 사장, 샐러리맨의 천국을 만들다』의 야마다 사장처럼 더 많은 복지와 연구개발이 있어야 하는데 그러기 위해서는 절대 경쟁력 있는 상품이 확보돼야 한다. 회사는 '놀이터이자 학교'라는 모토를 살리기 위해서는 사장이 좀 더 일하고, 술도 좀 덜 마셔야겠다.

### 그 후의 이야기 – 알콜에 지배되다

이렇게 각오는 단단히 했다. 그러나 지금도 출발 초기와 마찬가지 규모로 회사를 유지하고 있다. 15년을 제자리걸음 했다는 애기다. 왜? 문제는 술이었다. 출발 5년째의 글 마지막에 술 좀 덜 마시겠다고 다짐했지만 이행할

10인 이하 회사를 경영하는 법

수 없는 다짐이었다. 핑계 없는 무덤 없고, 여느 술꾼에게도 사연이 있다. 그가 술에 빠진 것에도 사연이 있다. 그 얘기는 뒤에 다시 자세히 말하자.

2025년, 지금 시점에서 내 인생을 돌아보면 거의 매일 술 마시고, 책 만들고, 사람을 만나고, 이별한 것이 대부분이었다. 그중 기억나는 책과 사람 이야기를 해보자. 우선 『10인 이하 회사를 경영하는 법』. 술독에 빠지고도 큰 베스트셀러 없이 회사를 지탱해오는 것은 10년, 20년 꾸준히 팔려온 책들을 만들어왔기 때문인 것 같다. 일본의 소기업 경영자 이시노 세이이치의 저작은 개인적인 사연이 있다. 사실 이 책의 한국어판은 책 몇 권 내고 사라진 어느 출판사에서 처음 나왔다. 필자는 이와 비슷하게 『10인 이하 회사…』라는 제목으로 시작하는 책을 더난출판사의 기획팀장으로 일할 때 회사 서가에서 우연히 봤다. 평소 대기업과는 다른 중소규모 회사의 경영학이 따로 있을 것이란 생각을 자주

했다. 몇백억 원으로 모델을 기용해 신문, 방송 등 매스미디어를 통해 마케팅하는 것과 중소규모의 마케팅은 좀 다르지 않겠냐는 것이다. 그런데 얼핏 본 이 책에는 마케팅, 인사관리, 리더십 등에서 소기업만의 독특한 철칙이 있는 것이었다. 그래서 위즈덤하우스 기획위원 시절에 이 책을 추천해 『소기업 사장학』이란 제목의 양장본으로 발간했다. 반응도 나쁘지 않았다. 그런데 위즈덤하우스 김태형 사장은 좀 떨떠름해 보였다. 왜? 그는 대기업으로 회사를 키우고 싶었기 때문이었다. 그래서인가. 위즈덤하우스는 단행본업계에서는 대기업이라 할 만한 규모로 성장했다. 그랬던 김 사장이기에 위즈덤하우스가 아니라 '명솔'이라는 자회사 경영서 브랜드로 발간했다. 그 뒤 원저작권자와 재계약하지 않았다.

그리고 내가 2010년에 제목을 『10인 이하 회사를 경영하는 법』이란 직설적인 제목으로 바꿔 다시 출간했다. 반응이 좋았다. 내용도 소기업을 경영하는 이들이 공감할 만했다. 10년 뒤에는 표지를 다시 디자인해 출간했다. 표지를 좀 더 세련되게 바꿨다. 이 책은 지금도 〈쿠팡〉, 〈예스24〉 등에서 꾸준히 주문이 온다. 매년 증쇄를 거듭하는 것 같다. 그런데 나는 이 책에 나오는 사장 자격에는 많이

미달인 것 같다. 책 앞머리에 '성공사장 자가진단 테스트'가 있는데, 거기에 나오는 '필요한 데 돈을 쓴다', '거래처를 수시로 방문한다', '인재를 가장 든든하고 확실한 자산이라고 생각한다' 등 여러 항목에서 자격이 없다.

『글쓰기 꼬마 참고서』는 2008년 당시 〈중앙일보〉의 토요판 〈중앙선데이〉에 "글쓰기 비타민"이란 제목으로 연재되던 것이었다. 2, 3매 정도의 짧은 글인데 기자들도 글을 쓰면서 무의식적으로 틀리는 비문, 오문, 오기 등을 지적하는 내용이었다. '약관 26의 나이에 ~하다'는 식으로 통상 적는다. 한데 약관이 관을 쓰는 나이인 스무 살을 이르는 말인데 뜻도 모르고 쓴다. '유명세를 탄다'는 말은 '세'의 뜻을 세력의 '勢'로 오해하고 쓴 오기이다. 유명세는 유명하기 때문에 치러야 할 세금税金이다. 이외에도 여러 오문과 비문 사례를 지적해 바로잡는 그의 글이 재미있었다. 평소에 '한국어를 잘해야 외국어도 잘한다', '고급 한국어를 구사하는 능력이 있어야 격조가 있고, 사회적으로 성공한다'는 생각을 해온 내 입맛에 딱 맞는 글이었다. 당시 〈중앙일보〉 사회부 차장으로 있던 저자에게 책 제안을 하자 당연히 오케이였다. 책 내면서 몇 번 만났던 김상우 선배는 정치적으로는 필자와 다른 입장이었지만 점

잖은 경상도 양반이었다. 이 책을 낼쯤 필자는 고 모 후배와 술을 마시다 그가 "형, 술 끊으려면 삭발해야지" 이 한 마디에 당장 미용원으로 달려가 빡빡 깎았다. 뭐, 그 뒤로도 술을 끊지는 못했다. 민머리로 다니기 민망해 일명 '도리우찌'(鳥打帽 / とりうちぼう, Flat cap)라 불리는, 홈즈가 자주 썼던 사냥용 모자를 썼다. 이 모습으로 만나니 김 선배는 좀 놀라고 황당해했다. 인사말로 '잘 어울린다'라고 했지만 헤어지면서는 아무래도 도리우찌, 즉 플랫 캡은 '나이가 좀 있어야…'라며 속말을 털어놓았다. 이젠 50대 후반이고 반쯤은 흰머리라 염색 좀 하시라는 말을 듣는 지금이지만 도리구찌는 여전히 어울리지 않는다.

## 로버트 D. 퍼트넘 교수와의 인연

『원점에 서다』의 저자 사토 료가 창립한 컨설팅회사인 JEMCO나 중소기업 사장학 영상교재를 펴내는 회사의 사장 등과의 미팅 때문에 통역해 줄 사람을 찾던 중 도쿄대 정보사회학 박사과정에 재학 중인 여학생을 만나게 되었다. 중국집에서 늦은 점심으로 짜장면을 같이 먹으면서 이 학생이 말했다. "왜 한국에서는 Bowling Alone(나 홀로 볼링)이 안 나오죠?" 일본에서는 학술 출판사에서 10만 원 정도 하는 고가에 출간하고 있다는 것이다. 처음 듣는 책 제목이었지만 회사로 돌아와 인터넷으로 검색해 보니 어느 신문사의 논설위원이 『나 홀로 볼링』을 소재로 쓴 칼럼이 있을 정도였다. 요즘은 일반화된 '사회적 자본'이란 개념을 이 책에서 처음 썼다고 한다. 커뮤니티의 공동체성 민주주의와 공공 신뢰, 협동, 어울림 등이 사회의 자본으로서 중요하다는 주장을 미국 사회 분석에 적용한 게 이 책이다. 이 책이 단행본으로 나오기 전 저널에 발표된 퍼트넘 교수의 논문을 읽고 감동한 클린턴 대통령이 백악관에 초대해 대담을 나눴다는 이야기도 있다. 미룰 일이 아니었다. 당장 에이전시에 연락해 이 타이틀을 계약했다. 720쪽에 달하는 이 책을 정승현 박사와 번역 계약했다. 필자의 번역 계약 원칙이 정규직 교수는 인세로, 비정규직 연구 교수나 강사는 번역료로 매절 계약하는 것이었다. 가난한 필자는 원고의 대가가 더 절실할 것이라는 생각에서였다.

이제는 『동사의 맛』, 『내 문장이 그렇게 이상한가요?』 등으로 베스트셀러 저자가 된 김정선 선배가 교정 교열을 맡아서 해주었다. 꼭 필요한 만큼만 수정하는 선배의 정확, 간결한 교정을 마치고 나온 책은 거의 모든 신문의 출판 면 1면을 휩쓸었다. 인터넷 서점의 메인으로 등장한 것은 물론이다. 서점의 반응도 마찬가지였다. 사회과학 분야 베스트셀러 순위에도 올랐다.

그 뒤 퍼트넘 교수의 후속작은 모두 우리 출판사에서 나오게 되었다. '종교는 어떻게 사회를 분열시키고 통합하는가'란 부제를 단 『아메리칸 그레이스』. 이 책은 교정을 본 편집자가 약속을 6개월 이상 지연시키는 바람에 출간 타이밍을 놓치게 되었다. 당시 대통령 이명박의 개신교 편향성이 사회적 문제로 부각되는 상황을 보고 출간하기로 결정한 것이었는데 3개월 정도면 될 교열 작업이 6개월 이상 지연되었다. 출간되고 보니 이명박의 실정이 사회적 아젠다에서 이미 사라진 뒤였다. 당시 박근혜가 경제민주화를 내걸며 대통령 이명박과 대립각을 보이던 시기였다. 그 뒤에도 '빈부격차는 어떻게 미래세대를 파괴하는가'란 부제의 『우리 아이들』이 출간했다. 예전에는 '마을 전체가 관심을 기울여 아이를 키우는' 것에서 각자의 몫이 된 교육의 사회적 책임을 다룬 것으로 정치학, 사회학은 물론 교육계에서도 주목하는 책이었다.

그 뒤 나온 책은 『업스윙 – 나 홀로 사회인가 우리 함께 사회인가』이다. 이 책은 사연이 좀 있다. 책의 출간을 1년여 정도 남기고 퍼트넘 교수가 방한한 것이었다. 퍼트넘 교수는 이미 베이징과 도쿄에서의 초청 여행을 마치고 서울 방문 일정으로 온 것이었다. 80대의 노 교수가 부인을 동반해 그 먼 길을 여행하고, 강연한다니 대단한 일이다. 조희연 씨가 서울시 교육감으로 재직하던 2018년 당시 서울시교육청이 초청한 자리였다. 저자의 저서를 출간하는 출판사 사장으로서 그랜드힐튼 호텔에서 조희연 교육감이 마련한 만찬 대담에도 동석했다. 그리고 달개비(옛 세실 레스토랑이 있던 곳)에서 경제인문사회연구회 연구회(KDI 등 정부 출연 연구기관 관할) 성경륭 이사장이 주관한 만찬 간담회에도 동석했다. 산하 연구기관인 한국개발연구원(KDI), 한국산업연구원 등 20개 가까운 국책연구소의 원장들이 참가했던 좌담에도 동반했다. 그 뒤 한국정치학회 주관의 강연회가 서울대에서 있었다. 동반해서 통역과 안내는 경실련의 사무총장이었던 유종성 경원대 교수가 맡아주었다. 유 교수는 하버드대에서 지도 교수였던 퍼트남 교수에게서 사사했다. 서울 관광은 유 교수와 내가 맡았는데 필자는 서울에서 그나마 공동체적 성격이 있는 망원시장을 안내했다. 당시 퍼트넘 교수가 『업스윙』 출간을 앞두고 있던 때라 내게 앞으로의 사회가 'We'의 시대가 될 것인지, 'I'의 시대가 될 것인지를 물었다. 필자는 그것은 '전망(Predict)'의 문제가 아닌 '의지(Will)'의 문제가 아니겠냐고 했다. 사회의 리더와 구성원의 의지로 공동체성을 강화할 것이지 못할 것인지의 문제라고 필자는 지금도 생각한다. 'I'의 사회, 끔찍하지 않나. 각자도생의 아비규환 사회에서 사는 것은 아무도 바라지 않겠지만, 자칫하면 우리가 갈 수 있는 길이다.

그 얼마 뒤 『업스윙』을 출간했다. 이종인 선생의 깔끔한 번역을 통해서였다. 제목 잡기가 어려웠던 책이라 부제에서 그 의미를 알리고자 했다. '나 홀로 사회인가, 우리 함께 사회인가'. 고심 끝에 잡은 부제라 그런지 책의 의미는 잘 전달됐다고 본다. 독자들의 반응도 뜨거웠다. 『나 홀로 볼링』, 『우리 아이들』, 『업스윙』을 퍼트넘 3부작으로 묶어 세트로 발매했는데 몇 번씩 새로 내야 할 만큼의 반응이 있었다.

### 최성락 박사

퍼트넘 교수가 세계적 명성을 얻고 학문적 대우를 받는

연구자라면 최성락 박사(전 동양대 교수)는 자신의 호기심에 충실한 연구자이자 투자가이다. 그를 보면 '참 세상을 심플하게 보고 단순하게 생활한다'고 생각하게 된다. 그는 술, 담배도 안 하고 9시면 개인연구실에 출근해 책을 읽고 글을 쓴다. 틈틈이 미국 주식과 비트코인 시세 체크나 매매를 한다. 그러다 일 관계로 이 분야 저 분야의 관계자들과 만나 볼일을 본다. 그리고 6시면 퇴근해 조카들과 놀기도 하고, 또 책을 볼 거다. 강남역 근처에 있는 그의 복층 연구실을 가면 여러 분야의 책들과 만화책들로 가득 차 앉을 엄두도 나지 않는다.

　최성락 박사는 우리 출판사에서 『사냥하는 남자 채집하는 여자』, 『교수의 속사정』, 『부자들의 지식창고에는 뭔가 특별한 것이 있다』, 『50억 벌어 교수직도 던진 최성락 투자법』, 『말하지 않는 한국사』, 『말하지 않는 세계사』, 『100년 전 영국언론은 조선을 어떻게 봤을까』, 『규제의 역설』, 『한국이 중국을 선택한다면』, 『49가지 결정 - 한국 경제의 운명을 바꾼 역사적 선택』, 『나는 카지노에서 투자를 배웠다』, 『대한민국 규제 백과』, 『경영학은 쉽다』, 『한국은 자본주의 사회인가』 등 15종의 책을 내놨다. 이 중에 2종이 세종도서에 선정되기도 했다.

그는 매일 A4 한 장 정도의 글을 쓰는 것을 습관으로 한다. 석 달 열흘이면 100매, 책 한 권 분량이 되는 것이다. 관심사도 많다. 투자방법, 규제학, 한국사, 세계사, 경영학, 현실국제정치 등 꽤 많은 영역에 걸쳐 있다. 심지어는 『말하지 않는 고고학』도 집필계획에 들어있다. 독자들의 반응은 재미있고 흥미롭다는 평에서부터 깊이는 없다, 저자의 사견이 거슬린다는 평에 이르기까지 다양하다. 『교수의 속사정』 알라딘 독자평 중에는 이런 책이 필요했다는 목소리(bada1377이라는 아이디)란 분도 있다.

"이런 책이 드디어...

이런 책이 있었구나. 사실은 이런 책이 필요했다. 내가 필요해서 쓰고 싶었다.

서문에도 이런 이야기가 나온다.

여러 직업들에 대한 이야기가 있지만 '교수'라는 직업에 대한 책은 없다고...

있어야 할 책이 있는 느낌이다.

교수라는 직업에 대해 그 누구도 말해주지 않는 이야기를 한다."

## 알콜에 지배당했던 20년

다시 서른 살을 넘을 즈음으로 돌아가 보자. 당시 최 씨는 강박관념에 사로잡혔다. 지금 이 시기 글쟁이로 자리 잡지 못하면 인생이 절단난다는 강박이었다. 그래서 매체를 가리지 않고 기회가 닿는 대로 글에 매달렸다. 『하룻밤에 읽는 한국사』를 쓰던 2000~2001년 사이 〈월간중앙〉에 "역사인물인터뷰" 80매, 〈월간 말〉에 "최용범의 만화파일" 30매, 소설가협회가 발간한 〈월간 스토리뱅크〉에 20매의 "만화리뷰", 〈예스24〉의 전신인 인터넷 서점 〈와우북〉에 경제경영서 서평 20여 매 등 장르를 가리지 않고 쓰고 있었다. 거기에 단행본 〈하룻밤에 읽는 한국사〉를 마감하고 있었으니 하루 14시간을 고시원에서 원고에 매달렸다. 그러니 친구 만나 술 한 잔 주고받을 시간도 없었다. 잠시 바람 쐬는 것은 위즈덤하우스의 기획회의에 나가는 날 하루뿐이었다.

매일의 고단한 글쓰기 노동을 마치고 집에 오는 시간은 새벽 3시. 늦은 식사를 하고는 25도 소주 한 병에서 한잔 덜고 마시는 것이 낙이었다. 안주는 코코넛 비스킷에 슬라이스 치즈를 말아먹는 것. 그렇게 1년 이상을 매일 빼놓지 않고 마셨다. 이 버릇은 연재도 마치고 『하룻밤에 읽는 한국사』가 발간된 뒤에도 이어졌다. 이 버릇은 고시원 생활을 마감하고 작은 원룸으로, 5층 빌딩의 꼭대기 층 작업실로까지 발전해『하룻밤에 읽는 고려사』를 쓰던 시절까지 이어졌다. 술은 끊이지 않았다. 2002년 12월 결혼해서도 마찬가지였다. 술을 못 마시던 집사람은 신혼여행지 큐슈에서 밤이면 밤마다 술을 사와 혼자 마시는 나를 보고는 놀라 말리기도 했다. 마시지 않을 수 없었던 나는 화를 내고 결국 싸움으로 이어졌다. 그 뒤 20년간 와이프는 술과 전쟁을 벌였다. 내가 혼자 서재에서 술 마시는 것을 보고는 '내 제사상에는 술도 올리지 말라'고 탄식할 정도였다. 마감과 사투하면서 매일 마시기 시작한 소주 1병이었지만 그것도 매일 마시다 보니 알콜의존을 넘어 이미 알콜중독의 단계에 들어선 것 같았다.

출판사를 시작하고 나서는 고질병이 되었다. 첫 책을 마감하면서도 술은 빠지지 않았다. 그 뒤 필자들과는 거의 빠지지 않고 술자리를 함께했다. 몇 안 되는 직원과도 마찬가지였다. 비상근 기획위원을 했던 후배 노만수, 영업을 맡았던 김경훈 부장, 윤성환 과장과는 특별한 일이 없는 한 매일 술자리를 가졌다. 물론 화제는 책과 관련된 얘기였지만, 늘 술을 끊자는 결심 없는 다짐으로 끝을 맺었다. 다음날에도 술 한잔하는 것은 불문가지. 술 끊자고 결심할 때면, 보름 정도는 마시지 않고 참았지만, 결국 누군가의 유혹으로 한 잔, 사연을 가진 어떤 이와 자리를 같이하면 한 잔, 사람과 관계된 어떤 일로 화가 폭발해 또 한 잔…. 뭐, 이런 식이었다.

### 간헐적 단주와 입원

술자리가 계속되면서 드디어 나는 결단했다. 2012년 초 영등포 근처에 있는 한강성심병원에 알콜중독치료 명의가 있다는 말을 듣고 입원했다. 막상 입원은 했는데, 담배도 피지 못하는 폐쇄 병동에 들어온 순간. 나는 엄청난 공포에 휩싸였다. 출입문 밖을 나서려고 발악을 하는데 보호사(정신과 폐쇄 병동에는 환자를 통제하는 직원)들이 나를 붙잡아 한 방에 가둬두고 결박했다. 2박 3일을 묶여서 지냈다. 식사도 떠먹여

실종 일기 (2) - 알콜 병동

주었고, 배변도 그런 식이었다. 그 치욕. 완전 인권유린이었다. 결박 명령을 하던 인턴의 얼굴과 이름을 그 순간에 기억해 퇴원해서는 고발하려 했다. 하지만 30일의 병원 생활을 마치고 나온 뒤에는 그 일이 귀찮아져 파묻었다.

한 달간의 폐쇄 병동 생활은 처음 생각과는 달리 재미있고 평화로웠다. 정신과 레지던트와 일주일에 두세 번 치료라는 이름의 면담을 하고, 약을 먹는 게 치료의 전부였다. 세끼 배달해주는 식사를 맛있게 먹고, 입원실의 간병인 아주머니와의 잡담도 즐거웠다. 교통사고로 뇌사상태가 된 환자를 돌봐주던 간병인 아주머니는 연변대학의 교수 부인이라고 했다. 같은 병실의 남매처럼 친하게 지내던 20대의 젊은이들과도 잘 어울리게 되었다. 한담을 나누는 시간 외에는 거의 모든 시간 책을 읽고 『하룻밤에 읽는 한국 근현대사』의 근대 편 집필에 매달렸다. 그 결과 볼펜으로 근대사의 초고를 잡았다. 그런데 어이없는 일이었다. 퇴원 후 내 서재의 컴퓨터를 열어보니 손으로 쓴 엉성한 초고와는 달리 깨끗하게 정리된 근대사 원고 파일이 있었다. 입원 전 『하룻밤에 읽는 한국 근현대사』 집필에 얼마나 스트레스를 받았는지, 내가 써놓은 것도 망각하고 있었던 것이다. 병원에서의 집필은 헛수고였다!

퇴원 후 한동안은 술도 끊고 착실하게 지냈다. 그러나 한 달도 가지 않았다. 어차피 평생 술 끊을 생각은 하지 않았던 내게 술은 달콤한 애인이었다. 다시 친구, 필자, 직원들과의 술자리가 시작되었다. 어느새 술이 술을 마시게 되었다. 5, 6년 연상의 선배기획위원들과의 책을 안주로 한 술자리가 필수적인 것으로 느껴졌다. 그 시절 오귀환, 이강룡 선생이 집필한『한 권으로 읽는 세계사』, '일본 자본주의의 아버지'라 불리는 시부사와 에이지의『논어와 주판』을 펴낸 것이 제일 큰 소득이었다. 노만수가 강력하게 밀던 책이었다. 뭐, '책 한 권 내서 손해 보면 얼마나 보겠냐'라는 심정으로 낸 것인데, 삼성경제연구소가 선정하는 '여름 휴가철에 CEO가 읽어야 할 책'으로 선정돼 여름철에만 1만 부 이상 주문이 들어왔다.『한 권으로 읽는 세계사』는 현대자동차에서 1천 부 이상의 단체주문이 들어왔다. 직원들, 기획위원들과 즐겁게 난상토론을 진행한 기획회의와 이후 술자리에서 나온 출판 아이템들은 거의 실패 없이 좋은 시장의 반응을 얻었다. 연남동 시절이라 12시 넘어 택시를 타고 대방동 집으로 귀가하기 일쑤였다. 덕분에 가정생활은 엉망이었다. 그래도 회사는 돌아가고, 술자리도 돌아갔다. 그런 생활이 1년을 넘어서자 집으로 가는 길에 소주를 사 들고 와서 과자 부스러기와 함께 먹으며 하루를 마무리하는 습관이 들고, 다음날 오후에 일어나 출근하는 일이 반복되었다(이런 나이기에 윤석열이 술 먹고 오후에 출근했다는 게 이해된다!). 아내의 염려가 짙어졌고, 몸에 무리가 왔다. '술 끊겠다. 더 이상 술 마시면, 개다 개!'라며 개를 모욕하는 소리나 하다 밤에는 '멍, 멍' 하며 술 마시러 나갔다.

그러던 2014년의 어느 날(병원에서 쓴 일기장을 보니 10월 15일) 1시쯤 자고 있는데 병원 구급차(EMS)와 직원들이 오더니 나를 무작정 밖으로 끌어냈다. 옆에는 동생도 와 있었다. 근심 어린 얼굴이었다. 아내가 알콜중독치료 전문병원에 강제입원시키려 동생에게 요청했던 모양이었다. 그들은 병원에서 처방만 받으면 된다고 했다. 물론 거짓말이었다. 의왕의 '다사랑병원'(알콜중독치료 전문병원)에 들어온 순간 환자복으로 갈아입으라 했다. 팬티도 안 입고 있었는데 3명의 힘쓰는 인간들이 강제로 입히려는데 안 입을 도리가 없었다. 입기는 입겠으니 나가 있으라 했다. 그들은 뒤돌아섰고 나는 갈아입었다. 결국, 피가 뽑히고 링거가 꽂혔다. 한참을 잤고 밤 10시쯤 누군가 컵라면 하나를 줘서 겨우 먹고 침대에 누웠다. 깔고 잘 요도 없는 침대에서 자고 있는데 새벽쯤 누군가 들어왔다. 또 다른 환자였다. 코를 심하게 골았다. 병원에서의 괴로운 첫날이었다.

다음날 세끼를 먹었는데 아침과 점심 먹은 것을 모두 토했다. 링거 2통을 맞았다. 참 귀찮은 물건이다. 이틀은 링거를 꽂고 생활해야 했다. 링거를 다 맞고 나서 해방이 된 줄 알았는데 통풍 발작이 일어났다. 통풍이란 요산 수치가 높아져 주로 엄지발가락이나 무릎 등 관절 부위가 붓고 통증이 심하게 오는 병이다. 주로 비만인이 걸리는 병이지만 간혹 마른 사람 중에도 술꾼에게도 발생한다는데 내가 후자 쪽이었다. 제대로 걷질 못했다. 휠체어를 타고 다닐 지경이었다. 진통제를 먹어도 통증이 가라앉지 않았는데, 진통 주사를 맞으니 완화됐다. 병원에 입원하면 초기에는 안정실이란 이름의 방에 갇힌다. 술기운이 남아 있어 주사가 심한 환자를 가두는 방이다. 두 명이 들어가는 방에 혼자 있으려니 힘들었다. 한나절 뒤에 히키코모리 스타일의 20대 청년이 들어왔다. 역시 얘기가 통하지 않았다. 하루 정도가 지나니 술기운이 가시고 밥맛이 좋아지며 소화도 잘됐다.

이틀간의 안정실 생활이 끝나고 6인이 생활하는 일반

실로 들어왔다. 혼자 지내다 여러 사람이 있는 방에 들어오니 아무래도 좀 불편하고 텔레비전이 있어 시끄러웠다. 원래 TV를 보지 않는지라 내게는 소음일 뿐이었다.

사흘째쯤 되어 좀 안정되자 병원에 이동도서실이 운영되는 것을 알았다.『백두대간과『칼의 노래』가 눈에 띄었다. 말로만 듣던『칼의 노래』는 특이한 소설이었다. 병원에는 '보호사'란 이름의 직무가 있다. 의료진 외에 환자를 관리하고 통제하는 사람들이었다. 그러나 이들 중에도 얘기가 통하는 사람이 있다. Y 보호사가 그랬다. 샤워하고 환자복을 부탁했는데, 정해진 날에만 주는 규칙에 연연하지 않고 선선히 내주었다. 고마웠다. Y 보호사에게 내가 작가라 했더니, 대필도 하냐고 묻길래 얼마든 해주겠다고 했다. 누구에게나 자신만의 소중한 이야기가 있다.

통화가 가능해져 집사람과 통화했다. 옷가지도 부탁하고 내일 만나 당장 시급하게 처리해야 할 일 22가지 목록, 앞으로의 단주 결심 및 지킬 수 있는 근거 등을 적어놓았다. 통할까?

입원 열흘 만에 아내가 왔다. 퇴원을 사정했지만 통하지 않았다. 씨알도 안 먹혔다. 몇 달 숙고한 뒤 결행할 것이라 한다. 무조건 3개월만 있으라 한다. 회사 망해도 좋다고 한다. 뭐라 할 말이 없었다. 이혼하자고 했더니, 절대 안 한다고 한다. 회사 망하면 파출부라도 하겠다고 한다. 무서운 마누라다. 말 그대로 무릎 꿇고 빌어도 말이다. 무서운 마누라.

다음날부터 퇴원할 마음을 접었다. 그렇게 시급해 보이던 일들도 조정 가능했다. 알콜교육도 받아볼 만하다고 여긴다. 어차피 3시간뿐이다. 나머지 시간은 운동하면서 몸도 만들고, 간장, 위장, 통풍, 무릎 치료에 전념하자고 마음먹었다.『하룻밤에 읽는 조선사』원고도 초안은 만들어놓고 나가자. 조선사를 개괄적으로 접근하는 데 도움이 될 것 같아 박시백의『만화 조선왕조실록』을 반입하려 했는데, 만화책은 반입 불가란다. 원장에게 이 문제를 공개적으로 거론했다. 그런데 답변이 가관이다. 치료에 집중시키기 위해서란다. 그런데 왜 병실에 TV는 하루 종일 켜놓냐! 여기가 무슨 20년 전 교도소냐고 따졌다. 그러나 이곳 4개 층 병실의 규칙이란다. 화가 났다. 문광부 추천 도서가 금서라고? 만화에 대한 모욕이다. 이런 무식한 놈들!!!

아내가 면회를 왔다. 보름만이다. 보호자 교육받은 뒤 첫 방문이다. 마음을 내려놓았다 했다. 뽀뽀도 해줬다. 아내도 마음이 풀렸는지 내가 있는 방 구경도 하고, 같은 방 환자들에게 인사했다. 역시 내 마누라 최고다!

Y 보호사가 자신 얘기를 했다. 5년 전 직장 후배 마누라와 바람피운 이야기. 결국은 이별하고, 이혼한 이야기. 그래도 중년의 추억이란다. 어떤 여자에겐 치떨리는 얘기겠지만, 당사자에겐 추억인 모양이다. 그래, 그런 인생도 있겠지.

아내가 일주일 뒤 면회 왔다. 큰형을 비롯한 형들이 걱정도 하지만 잘했다고 칭찬도 했다고 한다(나는 8남매 중의 여섯째이다). 큰형은 병원비도 책임지시겠다고 하고, 작은형은 은행 일도 도와주겠다 했단다. 작은형은 은행원이었다. 두루 미안하고 고맙다.

다사랑 병원에선 전화도 자유롭지 않아 휴대폰을 압수한 뒤 공중전화를 쓰게 했는데, 이마저도 전화카드를 안 파는 경우가 있다. 이틀을 전화하지 못했다. 중요한 전화인데…. 강력 어필했지만, 이 자들은 요지부동이다. 환자의 인권인데, 인권 개념이 없다. 이런 병원에 보건복지부에서 지원금을 준단다.

그래도 원장이 교육한다고 강의라는 걸 하는데 좀 들을 만한 것도 있다. 희망 없는 환자가 제일 힘들단다. 맞는 얘기다. 희망이 없으면 어찌 살겠나. 살 의지가 없는 이를 어찌 치료하겠는가.

세 번째 입원했다는 마흔 살 먹은 사내가 고백을 겸한 본인 사례 발표. 1남 1녀의 아빠인데 이혼 위기란다. 이 사람의 단주 원칙 세 가지.

하나. 술자리 회식서 단주 선언한다.

둘. 자만심 절대 금물. - 나는 술 생각 전혀 안 난다고 자신했는데 이후에도 10년 동안 세 번 이상 입원하며 술로 민폐를 끼쳤다.

셋. 알콜중독에서 해방되는 길은 깊은 자각과 정직함이 있어야 열린다.

완전 공감하고 각오를 새롭게 다졌다(그래도 그 이후 10여 년간 실수를 거듭했다).


### 익명의 알콜중독자들

알콜중독자들에겐 필독서가 있다. 전세계적으로 1,000만 부 이상 팔린 책이다. 아마도 성서 다음일 것이다. 『익명의 알콜중독자들』이라고, 80년 전 미국의 알콜중독자 둘이 단주 모임을 한 뒤 만든 모임 명이자, 동명의 책이다. 종교 냄새가 날 정도이지만, 종교 서적은 아니라고 한다. 그래도 이 모임이 나는 싫었다. 하지만 이 책의 내용 중에는 수긍할 만한 대목이 적지 않았다.

- "알콜중독자의 경우 다른 면에서는 의지가 강한 편이지만, 술과 싸울 때는 이상스러울 정도로 약해진다는 사실을 알게 되자, 나는 얼마간 편해졌다."

- "시합은 끝났다. 압도당하고 말았다. 즉, 알콜이 나의 주인이었다."

고개를 끄덕이게 되었다.

입원 후 20일 좀 넘게 지내자 환자 자치회 격인 한우리 모임 총회가 있었다. 회장, 부회장을 선거로 뽑는데, 회장은 자천으로 됐다. 하지만 부회장으로 나서는 사람이 없었다. 그런데 전임 회장인 친구가 나를 추천하는 것이었다. 극구 사양했는데, 부회장은 하는 일이 없다고 권해 어쩔 수 없었다. 회장, 부회장의 역할이란 게 배식 당번 일이다. 왜 환자가 배식하나? 웃기는 일이었지만 치료에 도움이 된다나? 다른 병원에선 급식업체가 하는 일을 여기서는 환자의 자발성을 핑계로 공짜 노동력을 쓰는 짓 같다. 하지만 관행이었으니 까탈을 피우기도 뭐하고. 울며 겨자 먹기였다.

알콜중독 환자 중에는 별의별 사람이 다 있다. 큰 회사 사장도 있고, 박사나 교수 등 먹물도 많다. 심지어 의사 중에도 입원하지 않아서 그렇지 알콜중독자가 많다고 한다. 국책연구소의 연구원이자 박사 학위도 있는 친구가 우울증에 알콜중독까지 겹쳐 자살 시도(손목 긋기)도 하다 입원했다. 나와 같은 인종(먹물)이라 친하게 지냈다. 이 친구가 퇴원하면서 와이프도 온 자리에서 퇴원 발표도 했다(중독 고백과 단주 결심을 공개적으로 발표하고 단주서약서에 서명하는 일종의 의식(세레모니)인데, 좀 웃기다. 세레모니를 싫어하는 나 같은 종자에게는 많이 거슬린다.

그래도 이 박사 친구의 발표는 결연했다. '자신을 찾고 자신을 사랑하는 법'을 익히겠다고 한다. 이 친구 아내는 눈물을 흘리며 말했다. "남편은 비 철철 맞으며 혼자 서 있었는데…. 가족에겐 우산을 씌워놓고 혼자 비 맞으며 가족들을 지켜주고 있었다."

나는 나만 사랑했는데…. 나에게는 '희생'이란 개념이 없는데…. 이날 저녁 내 마음속에는 뭔가 플래시가 터지는 느낌이었다. 깨달음이랄까, 소용없는 각오랄까.

아내가 일주일 주기로 면회 온 것 같다. 아내는 내 얼굴이 좋아졌다며 기뻐한다. 내 맘도 편해졌다. 아내와 회사 일을 같이하는지라 회사 얘기가 면회 면담의 대부분이다. 그래도 좋다.

같이 면회 온 같은 방 형의 아내와도 인사하게 되었다. 적은 나이지만 술꾼의 아내는 나이를 떠나 얼굴에 근심이 묻어난다. 슬픔과 함께. 내 아내도 그런가? 그런 것 같다.

입원 생활 보름 정도 지나서는 탁구도 열심히 쳤는데, 또 한동안은 독서와 집필에 골몰해 잠시 쉬었다. 탁구를 다시 치는데 상대 중 한 친구는 착해 보이는데, 승부욕도 없다. 뭐가 생기는 승부는 아니지만, 게임인데도 호승심이 없다. 무력한 게 아니라 그냥 선한 친구도 있구나!! 알콜중독치료 전문병원은 역시 인간백화점이다. 헬스장에서 하체 근력운동도 열심히 했다.

환우회장을 했던 친구의 퇴원 발표가 있었다. 대기업에 다니던 전형적인 워커홀릭에 알콜릭. 회사에 모든 것을 걸고, 타자의 기준에 자신을 맞추고자 했던 에고이스트였다. 지나치게 자신을 내세우고 따져, 별로 친해지고 싶지 않았다. 회사의 임원이 꿈이란다. 글쎄. 그런 친구가 술있다. 아마도 자아가 너무 강하기 때문이었으리라. 불쌍했다. 대기업 기획실 다니는 게 그렇게 자랑스러운 일인가? 세상의 틀로만 모든 것을 보는 어리고 불쌍한 아이란 생각이 들었다.

## 바람처럼 지나가는 시간

정말 시간이 어떻게 가는지 모르겠다. 6시 기상 후 아침 첫 담배, 아침 식사, 식후 연초, 그리고 1시간 정도 취침, 식사, 담배, 취침, 독서, 공부, 가끔가다 (이태석 신부의 삶을 다루는) 〈울지마 톤즈〉 같은 다큐멘터리 시청. 그리고 탁구, 헬스, 막담배, 그리고 밤참으로 컵라면을 먹은 뒤 책을 보다 밤 12시 반 취침. 어쨌든 단주하면서 책을 읽고 체력을 키우니 즐겁다.

네 번째 입원한 친구가 중독 재발 발표. 재활 코스를 병원에서 밟다 외출했는데 한 잔이 소주 20병이 돼 죽을까봐 다시 입원했단다. 나사가 하나 빠진 듯한 어깨. 뒷모습이 슬프다. 술, 참 무섭다.

고우영의 『만화 수호지』의 무송 동생 '무대'보다 못나 보이는 59세의 사나이가 웅얼거리며 발표를 했다. 휴게실에서도 뒤에서 군소리나 하며 눈치만 보던 이 사람은 발표도 못났다. 마누라만 만만한 사람 같았다. 그래도 새끼 사랑은 무섭다. 핏줄과 생명이 소중하긴 소중하나 보다. 단주의 이유도 '가정을 지키기 위해서'였다.

아내가 거의 일주일 간격으로 면회 온다. 얼굴이 많이 편해 보인다. 예쁘다. 안아주었다.

국악방송에서 매주 고정 코너로 역사 얘기하는 데에 출연할 수 있냐고 회사를 통해 연락해왔다. 입원한 지 한 달이 넘어 '개방 병동'으로 가기로 했다. 환자복이 아닌 사복을 입고 생활하는 기숙사 같다. 교육만 3시간 받고 나머진 자유다. 2시간 외출도 있다. 근처 산으로 산책가면 될 것 같다. 그래서 출연 가능하다고 했다. 2시간이면 10분 출연하는 게 방송국 오가는 시간 포함해도 가능할 것 같아서다. 그런데 보호사란 애가 전하길 주치의가 불허했단다. 엄청나게 화가 났다. 이유도 없는 불허다. 치료에 집중하기 위해서란다. 내가 보기엔 통제에 편하기 때문이다. 통제하기 원하는 자에겐 '변수'가 가급적 적어야 하기 때문이다. 이건 감옥이다. 담당 작가에겐 내 사정을 솔직히 말했다. 병원이 불허한다고 하니 어이없어한다. 작가는 계획에 차질이 와 무척 곤혹스러워했다. 오전에 누가 술

권하겠냐며. 퇴원을 결심했다. 환자를 신뢰하지 못하는 병원에 있을 필요는 없다. 다사랑병원을 내 발로 나간 뒤에도 몇 차례의 폐쇄 병동을 전전했다. 퇴원 직후 소주 한 잔했다고 연이어 아내가 이 병원에 다시 입원시키는 진기록도 세웠고, 또 몇 년이 지난 뒤 다사랑병원을 한 번 더 찾았지만, 그 뒤로는 다시 찾지 않았다.

  알콜중독은 죽을 때까지 완치되지 않는 불치병이라 한다. 한번 걸리면 평생을 알콜과 싸워 이겨야 한다. 그러나 자발적 단주 한 달만 하다 보면, 술 끊기가 그다지 힘들지 않다. 물론 가족과 주변의 같이 인생을 사는 사람들의 도움과 격려와 믿음이 있으면 극복이 더욱 쉬워진다. 이제 겨우 단주 1년을 넘어선 주제에도 감히 단언할 수 있다. 술보다 더한 쾌락을 나는 커피와 독서, 명상을 통해 얻었다. 술 없이 한 잔 커피를 앞에 두고 사색의 심연에도 빠지기도 한다. 벗들과의 대화의 즐거움을 얻을 수 있다.

### 회사 재건

10년 세월을 술과 힘겨운 싸움을 하며 지냈지만, 출판 기획의 끈은 놓지 않았다. 2025년 상반기 이문영 씨의

『하룻밤에 읽는 남북국사 – 통일신라와 발해의 시대』 발간을 끝으로 '하룻밤에 읽는 한국사' 전집 여섯 권을 마무리했다. 또한 2025년 하반기에는 로버트 퍼트넘 교수의 출세 데뷔작을 번역한 『사회적 자본』(Making Democracy Work: Civic Traditions in Modern Italy) 출간을 끝으로 퍼트넘 콜렉션을 완성한다. 그리고 과분하게도 2024년 출간한 박혁 박사의 『헌법의 순간』이 한국출판문화협회와 〈한국일보〉가 선정하는 한국출판문화상을 수상했다. 물론 저자의 공이 가장 크다. 그래도 윤석열과 김건희가 헌법의 소중함을 역설적으로 인식시켜준 덕이 크긴 컸다. 20년간 큰 베스트셀러는 없지만, 꾸준히 해온 우리 출판사의 조그만 노고를 보상받는 느낌이라 위로가 되었다.

병원을 들락거리다 방기한 회사의 내일을 위한 재건도 착실하게 하고 있다. 와디즈가 펀딩 프로젝트를 제안해 와서 진행한 한국사 완간 기념 이벤트도 좋은 결과를 얻었다. 출간리스트도 짰다. 원고는 그래도 끊이지 않고 준비하고, 계속 투고 원고가 들어온다. 출간을 안정적으로 하기 위해 세계 최고의 지위를 확보한 대한민국 중소기업들의 창업과 기업사를 다룬 '히든 챔피언' 시리즈를 준비하고 있다.

하늘은 포기하지 않고 술 끊으려 하고 출간을 끈질기게 이어가려는 알콜중독자 사장의 출판사를 돕는 것 같다. 창업 20년을 계기로 새롭게 출발하고자 한다. 염치없지만 독자들의 성원을 바란다.

# 내가 만난
# 책과 사람

출판사를 하는 사람들에게 책은 인생 그 자체이기도 하다. 그래서 책은 인생이다. 살아왔던 지난 세월을 되돌아보면 거의 대부분이 출판사에서 낸 책과 저자들. 그리고 그 책에 얽힌 사람들과 그 사이에 있었던 일들이다. 책이 아니고선 뭐로 지난 세월을 기억할 것인가.

## 세월은 흐르는 것이 아니라 쌓이는 것이다

잘 팔리지 않은 책은 만든 이에게 두고두고 아쉬운 것이지만 이 책도 그중 가장 아픈 손가락 중 하나이다. 김성근 프로야구 감독, 김운경 드라마 작가, 이영만 전 경향신문 사장 등 많은 분이 책의 기획 의도에 맞게 정성 들여 글을 보내주셨다. 많이 팔리지 못할 때면 좋은 글을 써주신 필자들에게 항상 미안하다.

『원점에 서다』를 발간한 후 같은 저자의 책 『살아남는 회사』(이 책은 원가절감의 구체적 방안을 소개한다)와 『사장의 원점』을 출간했다. 『살아남는 회사』는 쇄를 거듭하면서 몇 해를 꾸준히 팔았다. 그런데 『사장의 원점』은 그리 팔리지 않았다. 인생 후반에 느끼는 경영의 상념을 젬코의 사보에 실었던 것을 엮은 책이다. 일종의 경영수상록이다. 이 책은 초판에 그치고 말았는데 필자는 이 책에서 유명한 카피라며 소개한 '시간은 흐르지 않는다. 쌓이는 것이다.'란 문장이 인상에 남았다. 그런데 머릿속에는 '세월은 흐르는 것이 아니라 쌓이는 것이다'로 기억이 왜곡돼 남았다. 한잔하며 취중에 '아! 이 제목으로 세월의 의미를 묻는 우리 필자들의 글을 받으면 좋은 책이 되겠구나.' 하는 생각이 들었다. 그리고 생각나는 저자의 이름을 적어두었다. 다음날 술기가 남은 채로 출근해 바로 실천에 옮겼다. 원고청탁서도 쓰지 않고 필자들에게 전화로 글을 부탁했다. 취지를 설명하고 마감일만 말하고 원고를 부탁했다. 저자들은 모두 좋다고 했고 마감을 지켰다. 다만 김성근 감독은 한국어에 서툴고 글을 쓰는 프로는 아니라서 필자가 인터뷰하고 에세이 형식으로 다듬었다. 하지만 문장에는 김 감독 캐릭터가 보일 것이다. 그 끈기, 그 투지.

20여 명의 필자 중 기억에 남는 명문은 드라마 작가 김운경 선생의 글과 전前〈경향신문〉이영만 사장의 글, 〈쇼펜하우어 아포리즘〉 등 200여 종의 책을 번역한 김욱 선생의 투지에 넘치는 글이었다. 이영만 사장은 그의 책 출판기념회 겸 서화 전시회에서 책 제목을 그간 익힌 붓글씨 솜씨로 선보였다.

다음은 기억할 만한 선생들의 문장들이다. 한 문장, 한 문장 가슴에 남는다. 요즘 유행하는 '필사'하기 좋은 문장들이다.

"세월은 그냥 흘러가 버리지 않습니다. 어딘가에 차곡차곡 쌓입니다. 쓸모없는 세월이란 없습니다. 공자가 논했듯 세월이 쌓여 40에는 유혹에 빠지지 않고(불혹不惑), 50에 하늘의 뜻을 알고(지천명知天命), 60에 순리대로 살게 되고(이순耳順), 70에는 하고 싶은 대로 다 해도(종심(從心)) 되는 겁니다.

노마지지老馬之智라는 말이 있지요. 중국 춘추시대 제나라 재상 관중은 전쟁통에 길을 잃었을 때 늙은 말을 풀어 길을 찾았습니다. 젊은 말은 빠르지만 늙은 말은 지름길을 압니다. 세월은 지혜입니다. 머물지 않는 세월, 나이 듦은 복입니다."

_이영만, 「느린 세월도 있는 겁니다」 중에서

"강원도 강릉시 왕산면 대기리에 있는 작은 암자, 곰자리 절. 그 절 옆에는 주지 스님이 해다 놓은 나뭇더미가 세 무더기 쌓여 있다. 왜 이렇게 나무 욕심이 많으냐고 여쭈었더니 스님 왈, "요거는 올겨울에 땔 거구요. 이거는 나 죽으면 다비할 때 쓸 거. 또 한 무더기는 새 스님 들어오면 쓰라고 할 겁니다." 스님은 미소 가득한 얼굴로 나무 세 더미의 의미를 담담하게 말씀하셨다.

그렇다. 내 나이도 내년이면 육순이다. 세월은 유장하게 흐르는 것이 아니라 빛과 같이 짧은 것이다. 인생이란 낡은 여인숙의 짧은 하룻밤이라고 한다. 그 여인숙에서 만난 찰나의 이웃들에게 되도록 아름다운 이야기를 들려주어야 한다. 그것이 내 운명이다. 또한 그 이웃들과 함께 더불어 살면서 돕고, 베풀어야 함은 물론이다."

_김운경, 「봉변처럼 찾아온 세월」 중에서

"나는 내 나이를 모른다. 우리 연배의 사람들이 나이를 깊이 염두에 두고 있으면 이미 죽은 목숨이다. 나이를 의식한다면 이미 갈 날을 생각하는 것이다. 내일 할 일만 그리고 내가 할 일만 눈앞에 있으면 된다.
많은 사람들이 일을 생활의 수단으로만 여긴다. 그러면 안 된다. 일 그 자체가 즐겁고, 그 안에서 뭔가를 자꾸 하고 싶어야 한다. 그 속에 빠져 있어 보라. 일에 빠져 있으면 세월이라는 것, 나이라는 것은 아무 상관도 없다. 일을 생활의 수단으로 삼으니까 갑갑한 거다."

_김성근, 「나는 내 나이를 모른다」 중에서

"아무튼 새해 첫 일로 유서를 써두겠다고 했다. 그러면서 유서를 쓰려는 더 근본적인 이유는 죽음을 대비해둠으로써 남은 삶을 더 적극적으로 살게 될 것 같기 때문이라는 말을 덧붙였다. 아흔을 바라보는 어머니가 아직 살아계신 데 내가 어찌 감히 먼저 갈 수 있겠는가. 그렇기 때문에라도 유서를 쓰는 것은 나이 들면서 풀어지기 쉬운 나 스스로를 다잡는 방법인 셈이다."

_김교빈, 「나이를 먹다, 나이가 들다」 중에서

### 페이퍼로드에서 가장 끈질긴 마케터 필자

『하룻밤에 읽는 영국사』, 『하룻밤에 읽는 독일사』의 필자인 대구대 안병억 교수는 필자가 만난 이 중 가장 잘 자기 책을 마케팅하고 끈질기게 마케팅을 이어나가는 필자다. 안 교수는 MBC, KBS 등 공중파 방송의 주요 시사 교양프로에 자주 출연하는가 하면 〈중앙일보〉 등의 레거시 미디어에도 "시사칼럼"을 게재하면서 자신을 대구대 교수이자 『하룻밤에 읽는 영국사』의 저자로 소개하며 책을 알린다. 팟캐스트 "안쌤의 유로톡"에도 계속 소개하고 있다. 그리고 이제는 메인미디어가 돼 버린 유튜브 채널, 가령 〈삼프로TV〉나 〈머니인사이드〉 등에도 단골손님으로 나와 유럽정치를 소개하며 『하룻밤에 읽는 영국사』, 『하룻밤에 읽는 독일사』 등 자신의 저서를 광고하는 것을 잊지 않는다. 특히 이곳저곳의 유명 유튜브에 출연해서는 책을 화면에 걸고 방송한다. 그리고 이 사실을 SNS에 전파한다. 외대 독문과를 나와 〈연합뉴스〉, 〈YTN〉 등에서 10여 년 기자 생활을 하다 30대 후반의 나이에 캠브리지 대학으로 유학, 늦깎이로 박사학위를 받은 이답게 끈기와 성실로 마케팅을 이어나가는 것이다. 존경스럽지 않을 수 없다.

### 책을 읽다 발견한 책 – 발자크가 쓴 생리학

일본의 출판문화에 매료되지 않은 출판인은 거의 없을 것이다. 나도 일본 출판문화의 매력 때문에 초창기 10년은 거의 매해 도쿄를 방문해 기노쿠니야(한국의 교보문고 같은 곳으로 일본 최대의 서점)에 살다시피 했다. 일본어를 잘하지 못해 간다 거리(神田通り)의 헌책방은 한두 번 가본 정도에 불과하다. 거기서 잠시 일상을 벗어나 삶을 돌아보기도 했고, 일본의 출판에서 배울 바를 찾기도 했다. 그런데 정작, 거기서 발견한 출판 아이템은 새 책이고, 헌 책이고 간에 거의 없다. 초기엔 북오프에서 새책과 헌책 100여 권씩 (주로 문고판) 사들고는 귀국했지만 갈수록 책을 사오는 일은 적어졌다.

내가 일본 책에서 아이템을 발견한 것은 오히려 한국 출판마케팅 연구소가 발간한 『일본 小출판사 순례기』에서였다. 그 책에 보니 '신효론新評論'사 편집자 후지와라 씨가 기획한 발자크의 『공무원 생리학』이 널리 주목받았다고 했다. 제목만으로도 궁금했다. 궁금한 것은 못 참는 최씨는 당장 이 책을 구해 검토를 한길사에서 근무하다 늦은 나이에 프랑스로 유학 가서 파리 소르본누벨대학에서 학위를 받은 류재화 박사에게 검토를 의뢰했다. 재미있는 책이라 했다. 일본에서도 책으로 성공하고 재미있는 책이라면 한국에서도 통할 것 같았다. 유 박사의 깔끔한 솜씨로 번역된 원고는 역시 문학적 의미와 함께 재미도 있었다. 이어 같은 저자의 『기자 생리학』도 발간했다. 두 권 모두 독자 반응이 나쁘지 않았다. 생리학 시리즈는 19세기 프랑스에서 한 10여 년간 유행했던 것이라 한다. 발자크 역시 돈이 절실해, 아니 발자크의 모든 소설이 그가 손을 댄 출판업과 인쇄업의 실패 때문에 생긴 빚을 갚기 위해 하루 50잔의 커피를 마셔가며 소설 원고에 매달렸듯(물론 발자크가 문학적 야망이 없던 것은 아니었다) 생리학 시리즈는 돈을 벌기 위해 쓴 것이었다. 아니 생리학 시리즈는 100% 원고료 때문에 썼을 것이다(송기정 교수와의 통화로 확인했다). 그렇다고 발자크 문학적 성취와 무관한 것이 아니었다. 한 시대의 공적 직업인들을 풍자했다. 시대를 충실히 반영하는 작품은 그것이 본격 문학류의 것이 아니라도 문학적 가치는 높은 것이다. 여담이지만 필자는 이 두 책을 통해 발자크에 매료됐다. 그의 『으제니 그랑데』를 보고는 그의 문학적 자화상을 보는 것 같았다. 페이퍼로드에서 나온 『오노레드 발자크-세기의 창조자』를 내면서 만난 저자 송기정 교수에게 물어보니 그의 전집이 아직 한국에서는 나오지 않았다 한다. 일본과 중국에서도 번역된 발자크전집이 한국에서는 아직도 나오지 않았다니 우리나라 문학 출판사의 책임방기라고도 생각되어 우리라도 내보자고 했다. 송기정 교수와 또 다른 발자크 전공 교수 등과 추진해보고자 했으나 첫권도 내보지 못하고 좌초했다. 필자의 술이 문제였다. 두 분의 발자크 전집 편집위원들과의 약속을 수시로 펑크낸 것에 실망해서 이런 '사장 믿고는 다른 전공 선생님들께 번역 의뢰했다가 약속도 못 지킬 일 하겠다' 싶은 것이었다. 내부의 반대가 있었지만, 시작했다 하더라도 완성하지 못했을 것이다. 페이퍼로드가 지금 규모에서 하기에는 발자크 작품이 워낙 방대했다. 300쪽 기준 500권이 넘는 분량을 시장성도 미미한 가운데 끌고 나가는 것은 무모한 일이었다. 취한 정신이었으니 허황된 약속을 한 것이었다.

아무튼 '생리학 시리즈'라도 계속하기 위해 『의사 생리학』, 『부르조아 생리학』, 『산책자 생리학』 등을 속간했다. 그러나 발자크 이외 다른 작가가 쓴 속간작들은 전부 실패했다. 독자 반응이 영 없었다. 우선 재미도, 작품성도 없었다. 역시 대가는 대가다. 발자크가 유행에 편승해 쓴 것이라 하더라도 그의 손을 거친 작품과 아닌 것의 편차는 확연했다. 대가大家를 알아보는 대가代價는 역시 공짜가 아니다.

### 영국언론은 한국을 어떻게 봤나

우리 출판사의 주요 필자인 최성락 교수의 기획 출간 제안은 언제나 오케이다. 그가 일정 부수는 책임져주는 고마운 필자이기도 하지만 최 교수의 기획 아이디어는 거의 다 페이퍼로드의 성향이나 관심 사항과 비슷해서이다. 거의 그의 저서의 제목은 질문으로 끝나는 것이 많다. 『한국은 자본주의 사회인가』, 『한국이 중국을 선택한다면』, 『100년 전 영국 언론은 조선을 어떻게 봤을까?』, 『경제학 패러독스 - 가난한 사람을 위한 경제 정책이 왜 그들의 살림을 더 어렵게 할까?』등등. 페이퍼로드의 모토 또한 '느낌표와 물음표가 있는 출판사' 아닌가.

일본에서『100년 전 영국언론은 조선을 어떻게 봤을까?』를 출판하겠다는 의사를 전해온 적이 있다. 당시 필자와 출간을 논의하던 한 국제관계 컨설팅회사의 대표를 통해서였다. 그 회사와 거래하던 일본의 대형출판사 대표가 홍콩 출장을 갔다 오던 길에 이 책을 접했단다(그가 우리 말을 하든, 한국 영자지에 실린 서평을 통해서였든). 그래서 이 책의 일어판을 내보고 싶어 한단다. 생각해보니 이 책엔 일본에서 관심을 가질 만한, 그러나 한국인들은 오해할 구석이 없지 않은) 대목이 있었다. 100년 전의 19세기 말 조선이야 5,000년 한국사를 통틀어 볼 때도 가장 못난 나라이고, 못난 시대였다. 나라가 나라가 아니었다. 그 시기의 일본은 일본 역사에서 가장 빛나는 시기였을 것이다. 지금도 유명한 〈이코노미스트〉의 시각에선 일본은 친숙하면서도 동양적 신비로움을 가진 나라였고 조선은 '듣보잡' 수준의 나라였다. 제국주의 시대 후발 자본주의 제국 일본에게 조선이 먹히는 일은 크게 이상한 일이 아니었을 것이다. 하지만 이제 한국의 1인당 소득이 일본을 앞질렀고, 86세대라면 소년 시절에 갖고 싶어 했던 '소니 카세트'의 소니, 내쇼널 등 일본 전자업계의 상위 10개 업체를 합친 매출이 삼성전자의 매출만도 못하는 등 여러 면에서 일본을 따라잡고, 넘어섰다. 과거는 성찰할 일이지 우리가 일본에 감정을 가질 일은 절대 아니지 않은가.

동행한 컨설팅 회사 사장에게 붙들려 좋아하지도 않는 맥주를 마시며 11시까지 붙잡혀 있다 돌아온 호텔에서의 한잔이 문제였다. 저녁 식사도 변변히 하지 못하고 밤늦게 호텔에 들어와 편의점서 사 들고 온 도시락과 함께 반주로 술 한잔 시작한 게 문제였다. 한 잔이 두 잔 되고, 두 잔이 세 잔, 다시 댓병 하나로. 이렇게 마시다 보니 약속 당일 정오가 다 돼 컨설팅사 대표의 전화를 받고 일어났지만 일본출판사 방문 약속도, 실업지일본사實業之日本社 사장과의 비즈니스 미팅도 캔슬했다. 선인세도 20, 30년 전 출간된 일본 구간 계약금과 동일한 150,000엔이었다. 엔이었다. 일본 입국 당일에서야 계약서를 받아든 나는 '장난치나' 하는 생각에 계약도 하지 않을 생각이긴 했다. 여하튼 알콜중독자 불량 사장의 꼬장은 이제 나라를 건너서까지 계속된 것이었다.

**영친왕**

필자가 20대 후반이던 90년대에 인기가 있었던 tv 드라마 〈옥이 이모〉, 〈서울의 달〉, 〈파랑새는 있다〉의 작가인 김운경 선생을 〈길〉지의 기자 시절 당시 인기 코너였던 취중 인터뷰를 하며 만났다. 10여 년의 시간이 지난 후 문득 김 선생이 생각나 몇 번 술자리를 가진 적이 있었다. 작가는 KBS 드라마 국장을 지낸 김수동 선생을 소개해 주었다. 〈조선일보〉의 기자였던, 김 선생의 선친(김을한)은 일본에서 언론인으로 활동하면서 일본에 있던 영친왕을 뒷바라지하고 해방 뒤 귀국을 소망했던 영친왕과 덕혜옹주를 이승만의 견제에도 불구하고 귀국을 계속 추진해, 박정희 쿠데타 이후 성사시킨 장본인이라 한다. 왕족이라 사칭했던 이승만이 1950년대 국민 일부에 있던 조선왕조에 대한 왕조에 복고정서가 부담스러웠을 것이다. 김 선생은 선친이 쓴 『조선의 마지막 황태자 영친왕』의 복간을 제안해 주셨다. 당연히 페이퍼로드는 『조선의 마지막 황태자 영친왕』을 발간했고, 결과는 나쁘지 않았다. 김수동 선생은 이후 페이퍼로드의 고문으로 우리와 관계를 이어갔다. 당신이 소장하신 19세기와 20세기 초 시대부 집안의 풍속을 알 수 있는 사진 수백 장을 주셨다. 조출한 숯

을대문 앞에서 찍은 선생의 일가 사진, 김을한 선생의 결혼식 당시 여운형 선생과 조만식 선생이 신랑, 신부 뒤에 들러리로 서신 사진. 어머니가 민비의 조카로 덕수궁유치원에서 덕혜옹주와 함께 찍은 사진 등 역사적 인물들의 사진이었다. 뿐만 아니라 선친 김을한 선생이 6.25 종군 기자였던 관계로 인천에 상륙하는 맥아더를 찍은 사진 등 6.25 관련 사진도 있었다. 필자는 이 사진들을 스캔한 뒤, 사진 원본은 페이퍼로드가 관리할 자신이 없어 〈한겨레〉 신문에 자료실이 있을 것으로 짐작해 문화재 담당 기자에게 사진을 맡겼다. 10여 년의 시간이 지난 뒤 스캐닝한 파일이 없다는 사실을 확인한 필자가 노형석 기자에게 사진의 소재를 묻자, 그는 신문사 자료실이 없어 집에다 가져다 둔 것 같은데, 찾을 수 없다는 것이었다. 어이가 없었다. 내가 신문사에게 맡긴다고 그랬지, 어디 개인에게 맡긴 것인가? 무책임하기 그지없는 일이었다.

  페이퍼로드의 고문으로서 김수동 선생은 2023년 돌아가실 때까지 여러 가지 도움 말씀을 주셨다. 그리고 술독에 빠져나오지 못하는 필자를 참으로 걱정해 주셨다. 그런 어른의 빈소에 필자는 술독에 빠져 가지도 못했다. 상주인 선생의 큰 자제분이 섭섭하셨다 한다. 인생 말년에는 페이퍼로드의 책을 읽으며 소일하시며 회사 얘기를 많이 하셨다고 한다. 그 회사의 대표라는 놈이 오지도 않으니 섭섭하지 않을 수 없을 것이다.

## 『마광수 시선』

2017년 자신의 손으로 목숨을 끊은 마광수 선생과는 1996년 〈길〉지에서 "알라딘의 신기한 램프"를 연재할 때 담당 기자로서 인연이 있었다. 그때 동부이촌동의 아파트 상가에 있는 카페에서 만나 육필 원고(마 교수는 돌아가실 때까지 손으로 원고를 쓰셨다)를 받고 맥주 한잔하며 세상 욕을 하는 것이었다. 검찰이 강의실에서 수갑 채워 구속한 무지막지한 짓이 여린 선생의 가슴에 지울 수 없는 상처가 되어 평생을 괴롭혔다. 뭐가 그리도 급했는지 신성한 강의실에서, 그것도 수업을 듣는 학생들 앞에서 수갑을 채우나. 무슨 도주의 우려가 있다고.

그런 상처가 있고도 마음은 따뜻했다. 원고료도 제대로 지급하지 않는 〈길〉지 기자로 필자가 박봉으로 고생할 것을 염려해 술자리가 끝나고 집에 갈 때면 2만 원을 손에 쥐여주고는 '이것은 촌지가 아니라 후배에게 주는 자비'

라며 사양하는 필자에게 택시비를 주었다.

  10여 년의 세월이 흘러 마 교수가 생각났다. 변태적인 성애소설 작가로만 알려진 그의 자유주의자로서의 진면목을 대중들에게 보여주는 에세이를 소개하고 싶었다. 그런데 선생은 '제발 시집 좀 내달라'고 하소연했다. 에세이는 시집을 낸 다음 써보겠다고 하셨다. 결국 선생의 고집을 이길 수 없었다. 시집을 내기 전 자주 이촌동의 선생 댁으로 맥주를 사 들고 찾아뵈며 선생의 말동무가 되었다. 세상에 대해, 문학판에 대해, 검찰에 대해 개XX, 씨XX 등 서로 육두문자를 마다하지 않고 욕을 해가며 우울증을 달랬다. 아니 험한 욕은 필자가 더 했다. 시인 교수에게 꼭 틀에 박힌 연구논문이 있어야 하나? 국문학과 교수면 국문학 연구의 대상이 될 Text인 시와 소설도 성과가 아닌가? 그를 교수 재임용에서 탈락시킨 교수는 마광수 교수의 도움으로 임용되었기에 그는 더욱 마음 아파했었다. 김철은 80년대 사회주의 문학 운동이 유행할 때는 한참 프로문학 연구에 열을 올리더니, 그 열기 사그라들자 어느새 뉴라이트가 되었던 인물이다. 참 요즘 말로 좀 재수가 없다.

  한 움큼의 손으로 쓴 육필 원고를 읽고 여기서 좀 심하다 싶은 시들은 빼야 했다. 그리고 타이핑을 거쳐 편집해 책이 나왔다. 통상의 시선집試選集이 시선집이라고 좌상단에 배치하고 대표 시의 제목을 붙이는데, 한글로 표기된 『마광수 시선』의 표지는 그런대로 나쁘지 않아 그대로 오케이했다. 출간 뒤 디자이너가 시선을, 視線으로 읽었다고 한다. 시집의 관행을 모르던 한글세대 90년대생 디자이너에게 그런 오해가 있었나 보다. 그래서 '마광수 시선'이 되었다. 책이 나오고 얼마 안 돼 마광수 교수가 스카프로 목을 매 스스로 목숨을 끊었다는 소식을 기자에게 들었다. 마 교수가 최후로 책을 낸 출판사 사장이기에 거의 모든 일간지의 문화부 기자 전화를 받았고, 빈소에서도 기자들에게 둘러싸여 식탁에 앉아 소주를 마셨다. 그리고 이것은 '사회적 타살'이라고 울분을 터뜨렸다. 치욕스럽게 수업 중에 수갑을 채운 검사, 재임용에서 탈락시킨 국문과 교수들, 외설 작가라 비난하던 문학판 사람들이 마광수를 죽였던 것이다. 마 교수는 죽기 일주일 전 술에 취해 찾아가 제발 아파트 주변 산책이라도 하라던 필자의 잔소리에 운동할 힘도 없다며 기운이 하나도 없이 말했다. 아들을 돌봐주던 생모도 돌아가셨던 교수의 옆에는 성이 다른 이부異父 누나만 있었다. 돌아가신 어머니의 잔소리나 같은 아파트에 살던 누나의 잔소리에 짜증만 냈다. 곡기도 거의 끊고 지내다 쓸쓸히 스카프에 목을 맨 그는 '사회적 타살'이 분명했다.

# Historical
## Essays

# 토포악발 吐哺握髮

당연한 사실이지만 모든 조직은 사람으로 이뤄졌고, 모든 사업의 성패는 어떤 사람이 어떻게 일하느냐에 달려 있다. 그래서 고금을 막론하고 훌륭한 리더는 사람을 뽑아 쓰는 것을 최우선의 과제로 삼았다. 주나라의 기틀을 다지는 데 결정적 역할을 했던 주공은 토포악발吐哺握髮이라 해서 밥을 먹거나 머리를 감을 때에 손님이 오면 먹던 밥을 뱉고 감던 머리를 쥐고 바로 나가 마중 나갈 정도로

●

이번 원고는 월간 〈행복한 동행〉에 2007년에서 2008년 사이에 연재한 역사 칼럼 모음이다

인재경영에 심혈을 기울였다. 우리 세종대왕 역시 인재라면 노비 출신이라 하여도 요직에 기용해 조직의 발전을 꾀했다. 15세기 조선은 세계 최고 수준의 과학기술 수준을 보였는데, 그 핵심 인재는 노비 출신 과학자 장영실이었다. 장영실을 기용한 것은 세종이었다.

지금은 인재경영의 중요성이 더 커졌다. 삼성의 이건희 회장은 미래 예측이 불가능한 시대인 만큼 슈퍼인재를 유치하는 데 기업의 사활이 달렸다는 것을 수차례 강조한 바 있다. 한마디로 사람이 모든 것을 좌우하는 시대인 것이다.

그런데 묘한 것은 이 인재경영이 결코 간단한 문제가 아니라는 데 있다. 학교처럼 성적표 순으로 인재를 뽑을 수는 없는 것이다. 기업경영에서는 창의력 있고 리더십이 있는 인재를 뽑아야 되는 데 그것을 판별하는 것은 쉽지 않은 문제다. 조직 구성원 중에서 핵심리더를 가려야 하는 데 이것은 더 어렵다. 왜? 정치조직이건 기업조직이건 '정치'를 잘해서 올라가려는 사람들이 많기 때문이다. 역사적으로도 한 시기에는 희대의 충신이요 유능한 신료였던 것으로 보였던 사람이 결정적인 때가 되면 역적이요 간신이 되어 나라의 운명을 바꿔버린 사례가 적지 않다. 우리가 잘 아는 이완용은 구한말의 초엘리트이자 고종이 총애하는 신하였다. 흔히 간신하면 간살스런 얼굴로 '예, 예'를 반복하는 예스맨을 떠올리지만 그런 간신은 가장 하급의 인물로 역사의 물줄기를 바꾸기는커녕 웬만한 조직에선 중간도 못 간다. 역사에 등장하는 대다수의 간신들은 풍채도 훤칠하고 문장과 학문에 탁월했다. 리더도 사람인지라 자신의 심기를 잘 헤아려 듣기 좋은 말과 충성스러워 보이는 행태를 가장한 간신의 정체를 파악하기 힘들었던 것이다. 오늘날에도 마찬가지다.

그래서 옛사람들은 '사람을 가려보는 법'을 알기 위해 노력했다. 춘추전국시대의 병법서인 『육도』에는 '겉으로는 어질어 보이나 실은 어질지 않은 사람이 있다', '겉으로는 공손하지만 실제로는 교만한 사람이 있다', '용모가 괴상하고 못났으나 실력은 뛰어난 사람도 있다' 등의 언급을 하며 사람을 겉모양으로만 판단해서는 안 된다고 경고했다. 이른바 '팔관법八觀法'이다.

- 질문을 해서 그 대답하는 말을 살핀다.
- 자세히 말을 캐물어서 그 반응을 살핀다.
- 몰래 사람을 보내 그 성실함을 감시한다.

- 핵심을 찌르는 말로 그 덕을 살핀다.
- 돈 관련 일을 시켜 그 청렴함을 살핀다.
- 여자를 붙여 주어 그 단정함을 살핀다.
- 위급한 상황을 알려 그 용기를 살핀다.
- 술에 취하게 해서 그 솔직한 모습을 알아본다.

이러한 팔관법에 따라 사람의 감춰진 참모습을 알아내고, 그 참모습이 사악한 사람은 물리치라고 한다. 여기서 참모습이 사악한 사람이 바로 간신이다.

『여씨춘추』에는 이런 형태로 전한다.
- 일이 순조로울 때 그가 존중하는 사람을 살핀다.
- 높은 자리에 있을 때 그가 기용하는 사람을 살핀다.
- 부유할 때 그가 기르는 사람을 살핀다.
- 평소에 그의 말과 행동을 살핀다.
- 한가할 때 그의 취미를 살핀다.
- 친해졌을 때 그가 말에 드러내는 뜻을 살핀다.
- 실의나 좌절에 빠졌을 때 그의 지조를 살핀다.
- 가난할 때 그의 행동과 꿋꿋함 여부를 살핀다.

미덕에는 여러 항목이 있지만 핵심적인 것은 '성실'이다. 남이 보거나 말거나 자신에게 충실하고, 무릇 해야 할 도리를 지키는 사람이 바로 인재인 것이다. 훌륭한 리더는 이런 인재를 잘 가려서 썼다. 자신에게 직언을 아끼지 않았던 재상 한휴 때문에 살이 빠지기까지 했던 당의 태종은 그런 그를 왜 기용하냐는 내시의 질문에 이렇게 답했다. "나는 여위었어도 천하의 사람들은 살이 쪘다. 내가 한휴를 등용한 것은 천하를 위해서지 내 일신의 평안함을 위해서가 아니다." 잘 되는 조직에는 이런 리더가 있기 마련이다. 그리고 어느 사회나 최고의 조직은 이런 리더십이 발휘되기 마련이다.

## 분쟁 조정의 리더십

리더의 역할에는 단지 끄는 것, 곧 리드하는 것만 있는 것이 아니라 구성원의 대립과 분쟁을 잘 해결하는 것도 있다. 아니 소리소문없이 분쟁을 잘 해결만 해도 조직은 무리 없이 굴러간다. 고려 시대 재판의 달인인 손변의 다음과 같은 판결은 리더의 판단이 얼마나 평화로운 역할을 하는지 잘 보여준다.

손변이 경상도 안찰부사로 있을 때 어느 남매 중의 남동생이 다음과 같은 이유로 송사를 걸었다고 한다. "다 같이 한 태생인데 어째서 부모의 유산을 누이 혼자서만 독차지하고, 동생인 나에게는 나눠주지 않습니까?"

그러나 누이에게는 분명한 증거서류가 있었다. "아버지가 세상을 떠날 때 가산 전부를 나에게 주었으며 너의 것이라곤 검정 옷 한 벌, 검정 갓 하나, 미투리 한 켤레, 양지兩紙 한 권뿐이다. 증거서류가 구비돼 있으니 어찌할 것이냐?"

남매간의 송사는 해결이 어려워 손변이 부임하기 몇 해 전에 제기된 것인데 미결상태로 있던 것이었다. 손변은 남매를 불러다 놓고 물었다.

- "너의 아버지가 죽을 때에 어머니는 어디 있었느냐?"
- "어머니가 먼저 죽었습니다."
- "그 때 너희들의 나이는 각각 몇 살씩이었냐?"
- "저는 이미 시집갔었고, 동생은 아직 총각 아이였읍니다."

손변은 다 듣고 난 뒤 타일렀다.

"부모의 마음은 어느 자식에게나 다 같은 법이다. 어찌 장성해서 이미 출가한 딸에게만 후하고, 어미도 없는 총각 아이인 아들에게는 박하게 할 리 있겠는가? 생각하건대 아들이 의지할 곳은 누이밖에 없다. 그런데 동생에게도 재산을 나누어준다면 혹시 그 아이에 대한 누이의 사랑과 양육이 부족할 수도 있을 것을 우려해서 너희 아버지가 그러했을 것이다. 그러나 아이가 장성해서 재산 때문에 분쟁이 있을 경우에 검정 옷을 입고, 검정 갓을 쓰고 미투리를 신고 관가에 가서 고소하면 이것을 잘 분간하여 줄 관원이 있을 것을 믿었으므로 너희 아버지가 오직 이 네 가지 물건만 아이에게 남겨준 것으로 보인다."

　누이와 동생은 손변의 말을 듣고는 아버지의 깊은 뜻을 깨닫게 되었다. 남매는 서로 마음이 하나 되어 재산을 반씩 나눠 가지기로 했다.
　손변의 재판은 역사학에서는 고려시대 여성의 지위가 상속권도 갖고 있었던 것을 보여주는 주요 사례로 소개된다. 곧 여성의 사회적 지위를 제고시키자는 진보 사학자들이 즐겨 찾을 만한 사료가 아닐 수 없다. 그러나 이 이야기를 단지 여성의 지위에 대한 내용으로만 보기엔 아쉬운 면이 있다. 이 사건은 오히려 분쟁을 조정하고 평화를 이끌어내는 리더십이 얼마나 중요한지를 보여주는 좋은 사례가 되기 때문이다. 잘못하면 가족의 파탄이 일어날 수 있는 대립 상황을 뒤집어 화합을 이끌어낸 손변이야말로 각박하기만 한 우리 시대에 꼭 필요한 리더가 아니겠는가. 평화와 화합을 외치지만 안팎으로 치열하게 편 갈라 싸우는 요즘, 손변 같은 평화의 리더십이 더욱더 그리워진다.

## 소심함의 위대함
### 민심을 두려워한다는 것

노자에게 가장 위대한 리더는 아랫사람이 잘 따르면서 칭송을 아끼지 않는 리더가 아니었다. 그렇다고 카리스마가 강해 리더의 한마디에 아랫사람들이 벌벌 떠는 무서운 리더도 아니었다. 그것은 둘째나 셋째 가는 리더십이었다.

노자는 가장 훌륭한 리더란 아랫사람들이 그가 있다는 것만 알 뿐인 지도자라고 했다. 리더가 믿어주니 아랫사람들은 스스로 알아서 자기 일을 할 따름이었다. 없지는 않지만 있는 듯, 없는 듯한 리더가 최고라는 것이다. 한마디로 리더를 의식할 필요가 없으니 맘 편히 자기 일만 하면 되는 것이다. 요란을 떨 필요가 없는 것이다.

쉬운 듯하면서도 쉽지 않은 리더십이다. 리더의 자리에 있으면 뭔가 일을 벌이지 않으면 안 될 것 같기 때문이다. 의욕이 넘치기 마련이다. 그러나 그런 의욕은 과욕을 불렀다. 불행하게 왕좌에서 미끄러진 한국의 역대 왕들이 그랬다. 고려 때 정종은 자신의 정치적 근거지를 확보하고자 서경(평양)으로 수도를 옮기는 것을 과감히 추진했다. 당연히 새 왕궁과 도성을 짓느라 백성들이 피곤해졌다. 다수의 백성들이 원망하고, 도망갔다. 신료들과 백성들의 불만을 감지했던 정종은 공포에 떨다 심장에 충격을 받고는 시름시름 앓다 스물일곱의 나이에 급사했다.

집권 후 부패한 기득권 세력을 과감히 척결하며 민중의 지지를 받았던 대원군 역시 경복궁 중건이라는 대형 공사를 무리하게 추진하다 민심을 잃었다. 민비를 중심으로 반격을 노리던 기득권 세력에겐 좋은 기회가 아닐 수 없었다. 결국 대원군은 실각하고 말았다.

반면 위대한 리더는 민심을 두려워했다. 세종은 백성에게 이롭게 할 목적으로 세금제도를 개혁하기 위해 전국 17만 명의 백성에게 여론을 물었다. 교통, 통신 시설이 발달하지 않았던 그 시절에 대규모 여론조사를 위해선 많은 노력과 물자가 들었을 것이다. 그럼에도 여론 수렴을 위해 12년의 세월을 기다렸고, 공법제도는 안착됐다. 무리 없는 제도 이행을 위해서였다. 리더의 위대함은 요란한 권력 행사보다도 민심을 무서워하는 '소심함'에서 나오는 것이 아닐까? 무리한 일이라면 차라리 아무것도 하지 않는 것이 더 좋은 것일 수가 있다. 때론 뭘 하겠다는 '선택'보다 뭘 하지 말겠다는 '포기'가 중요한 때가 있다. 개인사든 집단의 일이든 말이다.

## 내 사람 버리기

 살다 보면 사람들은 크고 작은 신세를 지기 마련이다. 부와 권력, 명예 등 사람들이 으레 추구하기 마련인 것들을 얻기 위해선 남의 도움이 필요하기 마련이다. 남의 도움을 잘 얻는 이가 성공하는 법이기도 하다. 특히나 권력 같은 경우는 주변 사람의 도움 없이는 획득하기가 아예 불가능하다. 그게 직장에서의 작은 직책이든 국가 권력이든 모든 권력의 속성이 그렇기 마련이다.

 신세를 지면 반드시 갚아야 한다. 그래야 다음을 기약할 수 있을 것이다. 그게 사람의 도리인 것처럼 보인다. 그러나 작은 권력이나 작은 도움은 그렇더라도 그게 큰 권력이고 피보다 진한 '측근'의 도움이라면 얘기가 달라질 수 있다. 역사가 그 역설을 잘 보여준다.

 고려 시대 왕보다 더한 권력을 휘두르며 국정을 농단했던 이자겸이 대표적인 사례다. 이자겸은 고려 인종 때의 실력자였다. 그는 자신의 사위이기도 했던 인종의 즉위에 깊숙이 간여했다. 어린 조카를 대신해 왕위에 오르고자 했던 선대 왕 예종의 동생들이 호시탐탐 왕위를 노리던 상황이었다. 이자겸은 인종의 정치적 후견인으로서 5명의 숙부 중 네 사람을 숙청하는 등 인종의 반대 세력이 될 만한 이들이면 가차 없이 제거하는 것을 통해 인종의 권력 기반을 강화했다.

그러나 정작 문제는 이자겸 본인이었다. 어린 왕보다 더한 권력을 행사하며 인사권까지 전담했다. 그의 권세 앞에 숱한 인사들이 뇌물을 가져다 바쳤을 뿐만 아니라 그 스스로 남의 재산까지 강탈하기까지 했다. 이런 무리수는 성장하는 왕, 인종의 역린을 건드렸다. 결국 결말은 반란죄의 멍에를 쓰고 전라도 영광으로의 귀양에 처해진 것이었다.

이자겸은 부와 권력을 무리하게 탐하면 비참한 결말을 맞게 된다는 역사의 진실을 보여준다. 또 한편으로 개인적 신세와 은혜 때문에 주변 인사를 적절히 견제하지 못하면 공적인 시스템이 붕괴된다는 점이다. 작은 권력이든, 자리든 '내 사람'을 잘 버리는 것이 공적인 조직 운영의 가볍지 않은 진리다.

## 장보고의 포용 리더십

장보고 하면 청해진이 떠오르고, 으레 해상왕이란 칭호가 따라붙는다. 혹 해상제국의 CEO라 칭해지기도 한다. 그런데 필자에게 장보고는 그 무엇보다 라이벌도 품에 안을 수 있는 포용력의 소유자란 느낌이 더 강하다.

미천한 출신의 장보고는 인생 초년 꿈을 펼칠 공간을 신라에서는 찾지 못했다. 가슴에 넘쳐나는 열정을 실현하기 위해 이국땅 당나라로 이주했다. 아메리칸 드림에 조응하는 당나라 드림을 찾아서였다. 10년 연하의 정년이란 청년과 함께였다. 정년은 나이는 어리지만 싸움에도 능했고, 50리 바다를 헤엄쳐가도 숨이 막히지 않았다고 할 정도로 재능이 좋았다. 그런 자신감 탓일까? 정년은 10년 연상의 장보고에게 순순하지 않았다. 재능에서는 정년이 오히려 나았다고 한다. 아마도 '맞장' 뜨는 것도 마다하지 않았을 것이다. 당에서도 말타기와 창을 쓰는 데 두 사람을 대적할 이가 없었다고 한다. 둘 다 지방군이라 할 무령군의 소장으로 진급했다.

장보고는 절도사 이정기의 난이 진압되자 미련없이 군문을 떠났다. 전쟁 없는 군에서 외국인이 할 수 있는 것은 별로 없었기 때문이었다. 군을 떠난 장보고는 신라방의 관리를 하는 한편 무역업을 겸해 막대한 부를 쌓았다. 그리고 이를 바탕으로 청해진을 열 수 있었다. 반면 정년은 용력을 믿고 군에 남아 있다가 결국 실직하게 되었다. 추위와 굶주림에 떨며 비참한 실업자로서 이국땅에 남아 있어야 했다.

어느 날 정년이 연수현의 수장 풍원규에게, "나는 동으로 돌아가서 장보고에게 걸식하려 한다"고 말하자 풍원규가 이렇게 말했다. "그대와 장보고는 사이가 좋지 못한데, 하필이면 그자의 손에 죽으려 하는가?" 정년은 답했다.

"추위와 굶주림으로 죽는 것은 전쟁에서 깨끗하게 죽느니만 못하다. 하물며 고향에 가서 죽는 것에 비하랴"는 각오로 정보고를 찾아갔다. 그러나 정년을 맞은 장보고는 술을 대접하며 극진히 환대했다. 술 한잔의 환대만이 아니라 자신이 가진 병력의 절반인 5천의 병사를 주어 수도 경주에서 발생한 내란을 진정시키게 했다. 당나라 문인인 번천은 이에 대해, "장보고가 정년에게 군사의 반을 나눠 임무를 맡긴 것은 성현도 감히 결단하지 못했던 인의仁義의 마음이 있었기 때문일 것이다."

이렇듯 상찬을 아끼지 않았다. 신분의 열세도, 가진 자산이 없었음에도 청해진이란 요새이자 거대무역지대를 건설한 장보고. 그의 위대함은 사사로운 감정에 구애받지 않고 인재를 품 안에 안을 수 있는 포용의 리더십에 있을 것이다.

## 신뢰의 위력
### 신뢰의 부재로 멸망한 고구려

고구려가 나당연합군에 의해 멸망했던 것은 잘 알려진 사실이다. 그런데 고구려는 왜 망했을까? 수나라 병력 110만, 걸출한 당태종이 이끄는 100만의 강군의 침략을 막아냈던 그 강력한 고구려가 왜 한순간에 망했을까? 70년에 걸친 격전에서 고구려는 전혀 밀리지 않았다. '정관의 치貞觀之治(627-649년)'를 이룬 당태종은 죽는 자리에서 고구려 정벌 중지와 향후에도 침략에 나서지 말 것을 유훈으로 남길 정도였다.

그런데 당 태종을 이은 고종에 의해 망했다. 고종은 황후인 측천무후의 치마폭에 쌓인 유약한 인물이었다. 혹자는 연개소문의 강경한 외교정책 때문에 망했다고 한다. 그러나 연개소문은 당나라와의 평화적 관계를 맺기 위해 부단히 노력한 흔적이 보인다. 도대체 왜 망했을까.

결론부터 말하자면 내분 때문이었다. 연개소문이 죽은 뒤 권력을 분점한 그의 자식들, 남생, 남건, 남산 3형제의 내분이 그것이다.

장남인 남생이 막리지(총리)가 되어 지방의 여러 성을 순시할 때 수도 관리를 맡은 남건, 남산 형제에게 어떤 자가 이간질을 했다. "남생이 두 아우가 자기를 핍박하는 걸 싫어해서 제거하려고 생각하고 있으니 먼저 계획하는 것만 못합니다." 처음에 두 형제는 이 말을 믿지 않았다.

그러나 장남 남생에게도 이간질하는 자가 있었다. "두 아우가 형이 그 권력을 빼앗을까 두려워하여, 형을 막아 들어오지 못하게 하려고 합니다." 남생은 믿고 말았다. 정탐꾼을 수도 평양에 몰래 보내 상황을 엿보게 했다. 그런데 공교롭게도 정탐꾼은 잡히고 말았다.

이에 보장왕은 남생을 소환했다. 겁에 질린 남생은 감히 돌아갈 생각을 하지 못했다. 그러자 동생 남건은 막리지가 된 뒤 군사를 내 왕명을 거역한 남생 토벌에 나섰다. 남생은 아들 헌성이 있는 국내성으로 도망간 뒤 헌성을 당나라에 들여보내 도움을 요청했다. 당나라는 남생과 헌성을 길잡이로 세워 고구려로 침략해 들어왔다. 권력 핵심부의 분열은 이미 싸움의 승패를 가르고도 남았다.

결국 고구려는 내부 분열 때문에 망한 것이다. 그리고 그 분열을 일으켰던 것은 형제 사이의 신뢰 부족이었다. 신뢰가 국가의 존망을 결정하는 가장 큰 요소였던 셈이다. 예나 지금이나 신뢰는 가장 큰 자산이다.

## 자신의 상처를 다스린다는 것

사람은 누구나 상처를 안고 산다. 잘났든 못났든, 부자든 빈자든 나름의 상처가 있다. 타자와의 관계에서는 어찌 됐든 부딪힘이 있기 때문이다. 또 세상이란 것이 자신의 바람대로만 살 수만은 없기 마련이다. 어찌 보면 세상살이란 그 상처를 다스려가며 남과 어우러져 가는 과정일 것이다. 그 과정에서 사람의 크기가 나오고, 세상사 성취 여부가 판가름 난다.

그런 점에서 한국사 최고의 대왕으로 꼽히는 세종은 거의 '완벽' 그 자체였다. 세종은 상처투성이의 인간이었다. 그다지 원하지도 않던 세자의 자리에 야심만만한 형들을 대신해 올려졌다. 아버지 태종의 선택이었다. 외척의 발호를 막고자 태종은 사돈이자 세종의 장인인 심온을 역모죄로 죽이고 멸문시켰다. 감수성이 한참 예민한 10대 후반의 일이었다.

태종은 정력 왕성한 51세의 나이에 세종에게 왕위를 물려주었다. 이씨 왕조의 권력 기반 강화를 위해서였다. 하지만 숱한 권력 투쟁으로 살아오면서 의심이 몸에 밴 상왕 밑에서 세종은 가시방석 같은 왕위에 앉아 있어야 했다.

개인적으로도 세종은 자식 넷을 먼저 보냈다. 제 몸보다 사랑스러울 자식 넷을 가슴에 묻은 것이다. 며느리 복도 없었다. 맏며느리를 셋이나 봐야 했다. 첫 번째 세자빈 휘빈 김씨는 질투가 심해서 민간비방을 쓰다 들통나 폐빈되었다. 두 번째 세자빈 순빈 봉 씨는 낮술을 즐기는 데다 여종과 동성애를 즐기다 발각돼 역시 폐빈되었다. 군왕으로서 차마 말 못 할 며느리의 음행 때문에 마음고생이 여간 심하지 않았다. 형인 양녕대군은 세종의 재위 기간 내내 끊임없이 폭행, 강간, 강탈 등 난행을 끊임없이 저질렀다. 게다가 역모를 부추기는 세력까지 있었다. 신하들은 양녕의 처벌을 수차례나 간청했지만, 세종은 그를 지키기에 바빴다. 말년에는 사랑하는 부인마저 먼저 세상을 등져 외로움과 고통 속에 죽음을 맞아야 했다.

그러나 세종은 평생의 상처를 딛고 아버지 대까지의 '피로 피를 씻는' 증오의 시대 대신 평화의 시대를 열었다. 세종은 우리가 잘 아는 대로 조선왕조 500년의 기틀을 그렇게 다졌다.

반면 상처를 제대로 다스리지 못해 실패에 빠진 세종의 후대는 너무도 많았다. 광해군과 정조를 한 예로 들면 뜻밖일까 아버지의 견제와 반대파 신료들의 공격으로 받은 상처를 이겨내지 못한 광해군은 안전제일주의를 내세우다 '인조반정'이란 쿠데타를 맞았다. 정조는 생부의 죽음을 성장기에 맞았던 상처를 다스리지 못하고 독선의 정치에 그쳤다. 결국 그가 정작 원했던 개혁은 미완에 그치고 말았다.

어찌 왕만 그러하랴. 우리 필부 역시 상처를 어떻게 다스리냐에 따라 삶의 행복이, 성취가 판가름 난다.

# 명성황후 홀린 '진령군'을 최순실에게 비길쏘냐

'역사 속 최순실 사태'에 대해 써달라는 주문을 받고는 흔쾌히 응했다. 쉽게 쓸 수 있을 것 같았기 때문이다. '망한 나라 위에 멍한 군주가 있고, 멍한 군주 밑에 간신이 설친다.' 이는 만고의 진리다. 역사에서 호가호위하는 비선실세秘線實勢는 멍청한 군주 밑에서 언제든 나오기 마련이니까. 외척이니 측근이니 공신이니 하는 것들이 그런 부류다. 그런데 막상 쓰자니 난감했다. 내 지식이 짧은 것인지, 5,000년 한국사에서 지금과 같은 사건은 발견하기 힘들었다. 왜? 이보다 최악의 완벽한 조합은 찾을 수 없었기 때문이다. 멍한 리더, 소신 없는 간신·관료, 측근 내시 그룹, 사이비 냄새 완연한 비선실세. 이 네 가지 조건을 다 갖추기는 수천 년 역사를 더듬어봐도 쉽게 찾기 어려웠다.

## 멍한 리더 – 측근 내시 – 사이비 비선 '최악의 조합'

국민의 손으로 뽑힌 대통령이 권력 서열 3위이고, 한낱 '강남 아줌마'가 서열 1위로서, 정부 부처의 과장 인사에서 기관장, 장관급 인사까지 좌우한다니…. '비선'이 청와대 수석을 심부름시키고, 재벌 돈을 갈취하거나 혹은 자발적인 상납을 받아 공익재단이란 곳에 예치시키는 동안, 대통령은 가끔 나와 '인쇄물'을 읽을 뿐이었다.

박근혜 대통령의 수준이야 지난 대선 때 텔레비전 토론 한번 본 뒤 애당초 알아봤다. 토론 당시 박근혜 후보의 논리력과 표현력은 평균적인 중학생 수준도 되지 않는 듯했다. 보수 일간지의 어느 편집국 간부가 토론 직후 전화를 걸어와 판세를 묻기에 이번 선거는 끝난 거 아니냐고 답했다. "토론을 보고도 누가 찍을 수 있겠냐"고 했는데 그 역시 공감하는 듯했다. 하지만 선거 결과는 예상과 달랐다. 취임 이후에도, 번역기를 돌려서야 알아먹을 수 있는 대통령의 말은 말이 아니었다. 그런 대통령에게 합리적인 토론을 기대하는 것은 애초 포기했다. 유시민 씨의 표현대로 혼군昏君(어리석은 군주)이었다. 물론, 왕의 적·장자 중심으로 권력이 승계되는 봉건왕조 시절이 아니라 선거로 권력자를 선출하는 민주국가에서 대통령을 왕처럼 표현하는 것이 한심스럽지만 말이다.

봉건시대에 혼군은 사실 흔했다. 피로 세습된 권력자가 다수의 후보군 중에서 선출된 권력자보다 똑똑할 확률이 낮을 것은 자명하지 않은가. 그러나 '21세기 혼군과 비선'은 봉건시대보다 더 무작스럽다.

## 최순실이 신돈이라고? 공민왕·신돈은 개혁가였다

우선, 고려시대 공민왕과 신돈. 하태경 새누리당 의원은 최태민·최순실 부녀가 사이비 교주임을 상기시키며 고려말의 신돈과 비교하기도 했다. 그러나 이는 역사에 대한 무지에서 비롯된 것이다. 공민왕과 신돈이 울고 갈 일이다. 반원 자주정책을 폈던 공민왕은 친원파와 권문세족의 부패를 개혁하고자 지연·혈연·학연에서 자유로웠던 승려 신돈을 기용했다. 신돈은 정몽주 정도전 등 신진

사대부를 등용하기도 했다. 자주적 외교정책, 조세와 군사제도 혁신 등은 초기 민중의 열띤 호응을 이끌어냈다. 그러나 신돈의 과감한 개혁정치는 세가 약했다. 권문세족, 심지어는 자신이 기용했던 신진사대부의 반발로 좌초하고야 말았다. 돌아가신 어머니를 불러냈다거나 최면을 걸었다는 둥 선무당 흉내 내며 염치도 없이 사욕을 부린 최 씨 일가와는 격이 달라도 너무 다른 것이다.

### '콤플렉스 덩어리' 연산군의 비선 장녹수

조선시대 연산군은 폭군의 대명사이지만, 재위 10년까지만 해도 정치도 신중히 하고 명민한 측면도 있었다. 친모인 폐비 윤 씨가 사약을 받은 것을 복수하기 위해 갑자사화를 일으켜 수많은 신료를 죽였지만 단순한 복수극은 아니었다. 훈구·사림의 비대해지는 신권을 제어하고 왕권을 강화하기 위해 10년을 기다린 끝에 칼을 든 것이었다. 임사홍 등 당대의 간신이라 불린 인물들은 박근혜 정권의 실력자들과는 비교가 안 될 만큼 품위도 있고 격조도 있었다. 성종 때는 직언을 서슴지 않아 유배에 처해지기도 했다. 그러나 모성 결핍의 콤플렉스였을까? 절대 권력자의 절대 불안이었을까? 가난 때문에 결혼을 수차례 했다던 비천한 출신의 기생 장녹수가 이상하게도 연산의 총애를 받으며 실세 노릇을 했다. 장녹수가 왕을 어린애 취급하며 조롱을 일삼고 종처럼 부리고 욕해도 연산군은 기뻐했다고 한다. 연산의 불안 콤플렉스가 이상 상태에 달했던 것이다. 벼슬을 원하는 이들이 장녹수의 눈에 들기 위해 뇌물을 바쳐 장녹수 집안의 전답과 노비가 셀 수 없이 많았다. 요즘 비정상적인 비선실세의 주변에 들러붙는 자들과 비슷하지 않은가. 장녹수는 연산군 몰락의 한 원인이었고, 반정 후에는 목이 잘려 죽었다. 연산군은 어쨌든 말년에는 자신의 명이 다했음을 감지했다. 중종반정 일주일을 앞두고 연산군은 총애하던 장녹수와 전비 앞에서 "인생은 풀잎에 맺힌 이슬과도 같아서 만날 날이 많지 않을 것"이라고 읊으며 눈물을 흘렸다.

연산군을 몰아내고 집권한 중종은 반정 세력이 쳐놓은 권력의 한도를 넘어서기 힘들었다. 이후 인종의 뒤를 이

---

이 글은 박근혜 정권 말기 '최순실 사태'로 촛불혁명이 한창이던 시기 〈한겨레〉 정치부장의 부탁으로 〈한겨레〉 2016년 11월 2일 자에 기고한 것이다. 현재 밝혀지고 있는 김건희(윤석열의 배우자)의 희한한 행태는 그 시기의 최순실이 울고 갈 정도다.

어 열두 살에 왕위에 오른 명종을 대신해 친모인 중종비 문정왕후가 섭정했다. 당연히 친정 동생인 윤원형 일파가 권세를 잡았다. 역대급 외척의 전횡이 문정왕후가 세상을 뜰 때까지 이어졌다. 무려 20년이었다. 그러나 윤원형은 비선이 아니었다. 물론 대비 누나라는 '빽'이 있었지만, 그는 과거를 거쳐 영의정까지 오른 공식 실세였다. 문정왕후는 승려 보우를 총애하고 불교를 숭상하는 정책을 펴긴 했지만 유교국가 조선에서도 왕실의 여성들은 전통적으로 불교를 숭상했다. 보우는 도첩제 부활 등 승려의 신분 향상을 제도적으로 도모했다. 음습한 미신이 아니었다는 얘기다. 명종은 왕 노릇 한번 제대로 해보지 못했다. 외척과 훈구세력의 발호로 민중의 삶은 피폐해져 곳곳에 민란이 발발했다. 의적 임꺽정이 바로 이 시기에 있었다.

### 광해군의 몸과 마음을 장악한 상궁 김개똥

외교에선 비교적 성공했지만, 내치에서 실패했다는 광해군에게도 비선실세가 있었다. 광해군의 몸과 마음을 사로잡았던 상궁 김개시(개똥)는 이름에서 짐작할 수 있듯 천출이었다. 용모도 뛰어난 편이 아니었지만, 그는 광해군을 함부로 대하는 듯하면서도 비위를 잘 맞추고 잠자리 비방에 능했다. 광해군의 몰락을 부추겼던 권간 이이첨과도 친한 사이였다. 『조선왕조실록』에는 오늘날 언론 보도와 비슷하게 '이이첨과 김상궁 개시 비교평가' 같은 대목이 있다. 둘 다 벼슬 욕심은 적지만 실익을 최대한 추구한다는 것. 그래서 이이첨은 영의정 자리에 오르지 않았고 김개시는 귀빈 등 내명부의 직첩에 연연하지 않았다. 이들은 반대파에 대해선 과격한 토벌론도 주장했다. 이들은 광해군의 흔들림 없는 비선실세인 듯했지만, 광해군을 끝까지 지켜주지 않았다. 김개시는 인조반정의 주도자였던 이귀에게 매수돼 반란 첩보를 무력화시켰다. 광해군이 인조반정에 대한 첩보가 수시로 들어왔음에도 김개시의 감언이설에 넘어가 방비하지 못한 것이다. 이이첨 역시 절대 다수였던 사대부들의 눈치를 보면서, 광해군이 심혈을 기울였던 명청 교체기의 균형외교노선에 반해 친명사대 입장을 고수했다. 광해군은 인조반정군이 궁궐에 들이닥치자 "이이첨이 저지른 짓이 아닌가"라고 물었다. 그만큼 측근의 배신이 불안했던 것이다.

  임진왜란·병자호란 등 큰 전란을 겪으면서도 이씨 왕조는 버텼고, 혼군의 시대는 여전했다. 병자호란을 먹지 못한 인조 역시 이제는 다들 '쪼다 임금'으로 기억한다. 영·정조 중흥기를 지나 순조 이후 헌종·철종은 허수아비일 뿐이었다. 왕비를 배출하면서 만들어진 외척이 권세를 잡은 세도정치의 시대였다. 그러나 그런 시대라 해도 지금처럼 황당하지는 않았다. 혼군 밑에서 부패한 척신이 있어도, 그들은 공식적 시스템을 통해 권력을 나눠 가졌다.

### 명성황후, 임오군란 뒤 무당이 잡아준 날에 환궁 성공!

'박근혜·최순실 사태'와 가장 흡사한 사례를 찾자면 조선시대 막바지 '민비'(명성황후라 칭해야 한다는데 나는 다 망한 조선왕실을 껍데기뿐인 황제국 체제로 만든 것이 그리도 중요한 것인지 의심을 품고 있다)를 꼽을 수 있다. 명성황후는 구국의 여걸이라는 평가가 있는가 하면 친정의 영화와 왕실의 안녕만 도모하다 망국의 길을 재촉한 왕비라는 혹평이 엇갈린다. 평가는 뒤로 하더라도 그의 미신숭배와 사치 행각은 엄연한 사실이다.

황현의 『매천야록』을 보면, 명성황후는 자신이 낳은 두 살배기 왕자의 세자 책봉을 청나라에 승인받기 위해 100

만 금을 청나라의 서태후와 리훙장에게 바쳤다. 병약한 세자의 건강을 기원하기 위해 금강산 12,000봉우리마다 쌀 한 가마니, 돈 100냥, 베 한 필씩을 공양하기도 했다. 전국의 유명한 절과 서울의 치성터는 명성황후가 독점하다시피 했다. 거의 매일 밤새워 연회를 베풀고, 왕실의 물품을 각국의 진귀한 것으로 채우는 등 끝없는 사치를 부렸다.

이런 미신 행각과 사치 끝에 국고는 바닥났다. 1882년 임오군란이 일어났을 당시 문무백관은 5년 이상 봉급을 받지 못했고, 군인들은 13개월간 급료를 받지 못하고 있었다. 그나마 13개월 만에 나온 한 달 치 봉급이란 것이 반은 썩은 쌀이요 반은 돌과 모래가 섞인 것이었다. 이에 격분해 병사와 민중의 봉기가 촉발됐던 것이다. 이때 들고 일어났던 병사들과 민중은 절과 무당집도 습격했다. 민중의 분노는 명성황후와 그 일족을 겨눴다. 척족 민겸호를 죽이고 명성황후까지 살해하려고 했다.

## 박근혜의 '순수한 마음'과 명성황후의 '진실한 영혼'

명성황후는 이때 궁녀로 변장하고 가까스로 충주로 피

신해 목숨을 구할 수 있었다. 그 때 한 무당이 찾아와 그의 환궁 날짜를 점쳐주었다. 무당이 예언한 날짜에 딱 맞게 환궁하게 되자 명성황후는 한양으로 무당을 데리고 갔다. 그리고 무당을 진령군眞靈君에 봉하고 수시로 만났다. 진령군은 '진실한 영혼'이란 뜻. 박근혜 대통령이 '순실'씨를 감싸면서 말했던 '순수한 마음'이나 지난 총선 때 언급한 '진실한 사람'이란 표현을 떠올리게 한다. 여하튼 명성황후는 아픈 곳이 생길 때마다 진령군을 불렀고, 그가 만져주면 고통이 가셨다 한다. 명성황후는 진령군을 총애했고, 그는 만나고 싶을 때면 언제든 명성황후와 고종을 만날 수 있었다. 수령방백과 대신들이 앞을 다퉈 그에게 아부했다 하니 진령군은 말 그대로 비선실세였던 셈이다. 어떤 이는 진령군을 자매로 여기기도 하고, 어떤 이는 그의 수양아들이 되기를 원하기도 했다. 가장 심각한 사례는 무뢰배 출신인 이유인이란 자였다. 그는 귀신을 불러오는 쇼를 벌여 진령군의 신임을 얻었는데, 고종과 명성황후는 진령군으로부터 이유인을 소개받은 지 1년 만에 양주목사에 임명했고, 이유인은 비선실세로 행세했다. 진령군과 이유인은 모자 관계를 맺었는데, 이들을 둘러싼 추한 소문이 끊이지 않았다고 한다.

명성황후는 본래 영민한 인물이었다. 어릴 적부터 『춘추』 등 역사서를 많이 읽어 대원군과의 정치적 투쟁에서 밀리지 않았다. 대원군의 쇄국 대신 개항을 주도하기도 했다. 한때 개화파였던 그가 샤먼에 취했다는 것은 아이러니한 일이기도 하다. 그러나 '진실한 영혼'에 눈이 어두워진 명성황후와 '순수한 마음'에 사리분별을 잊은 박 대통령의 차이점은 크다. 적어도 명성황후는 자기 생각은 있었다.

# 희대의 바람둥이,
## 카사노바 Casanova

18세기 유럽 최고의 매력남 카사노바(1725~1789). 그는 유럽 전력을 편력하면서 외교관, 재무관, 스파이 등 여러 직업을 갖기도 하고 투옥도 당하는 등 변화무쌍한 인생을 살았다. 그리고 그 과정에서 만난 수많은 여인과 다양한 러브스토리를 만들기도 했다. 인생의 황혼기에 접어든 그에게 삶과 사람에 대한 이야기를 들었다.

이 글은 박근혜 정권 말기 '최순실 사태'로 촛불혁명이 한창이던 시기 〈한겨레〉 정치부장의 부탁으로 〈한겨레〉 2016년 11월 2일 자에 기고한 것이다. 현재 밝혀지고 있는 김건희(윤석열의 배우자)의 희한한 행태는 그 시기의 최순실이 울고 갈 정도다.

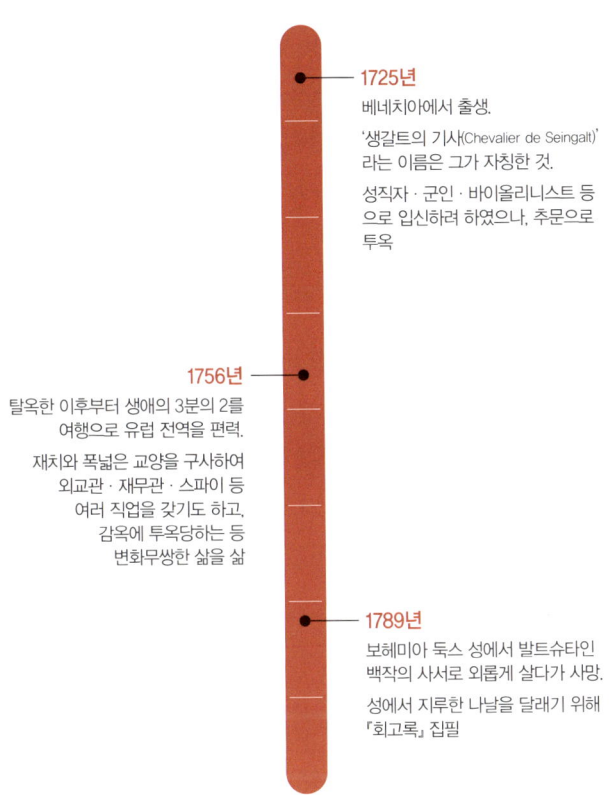

**1725년**

베네치아에서 출생.

'생갈트의 기사(Chevalier de Seingalt)'라는 이름은 그가 자칭한 것.

성직자 · 군인 · 바이올리니스트 등으로 입신하려 하였으나, 추문으로 투옥

**1756년**

탈옥한 이후부터 생애의 3분의 2를 여행으로 유럽 전역을 편력.

재치와 폭넓은 교양을 구사하여 외교관 · 재무관 · 스파이 등 여러 직업을 갖기도 하고, 감옥에 투옥당하는 등 변화무쌍한 삶을 삶

**1789년**

보헤미아 둑스 성에서 발트슈타인 백작의 사서로 외롭게 살다가 사망.

성에서 지루한 나날을 달래기 위해 『회고록』 집필

## 본능 그대로 살아간 최고의 자유인

희대의 바람둥이 카사노바를 만나러 가는 길은 경쾌하고 재미있을 줄로만 알았다. 숱한 스캔들과 성에로 가득

찬 한 사내의 삶의 이야기를 듣는다는 것이 얼마나 즐겁겠는가! 그러나 착각이었다. 1,000명이 넘는 여인과 섹스를 하고, 100여 명의 여자들과 연애관계를 가졌던 이 바람둥이를 만나 들은 얘기는 생각보다 무겁고 어려웠다.

타블로이드판 주간지의 특집 면을 장식하고도 남을 바람둥이의 여성편력 같지만 실상 독자들과 나눌 재미있는 이야깃거리는 많지 않다. 카사노바야 어떠했든 제3자 입장에서야 200년 전 여인들의 프로필과 연애담이 얼마나 흥미롭겠는가? 그렇다고 색다른 성애의 테크닉이나 비법이 나오는 것도 아니다. 더욱이 카사노바에게서 '감히' 가슴 저린 순애보를 기대할 것인가. 매 순간 감정이 이끌리는 대로, 이성 대신 근육이 시키는 대로 정념의 불길을 일으켰던 그에게서 말이다.

성과 관련해 오늘날 전하는 카사노바의 이야기는 그나마 최음효과를 일으키고, 정력을 북돋울 요리 몇 가지와 그가 애용했다는 콘돔에 관련된 것뿐이다. 그러나 카사노바의 여인 편력기는 가벼운 마음으로 슬쩍 듣고 씩 웃으면 끝날 것 같은 가벼운 성적 무용담이 아니었다.

데카르트의 "나는 생각한다. 고로 나는 존재한다"는 명제를 패러디해 '나는 느낀다. 고로 존재한다'는 감각본위주의자인 그의 파격적 존재론은 사실 만만찮은 철학적 함의를 지니고 있는 것이기도 하다.

그가 최고의 가치로 여겼던 감각과 쾌락의 추구 역시 쉽게 넘길 문제는 아니다. 또한 결혼과 성에 대한 역사적, 사회적 인식이 급변하고 혼재된 지금의 상황에서 카사노바의 성적 기행은 단순히 역사 속의 어느 기인의 유별난 행적으로만 치부할 수 없다. 이제는 우리 주변에서도 쉽게 볼 수 있는 사회적 현상이 아니던가.

게다가 그가 말년에 육체의 쾌락을 즐기지 못하는 상황에서 글쓰기로 이를 대신하려는 목적으로 집필했던 회고록『나의 인생 이야기』는 이미 불멸의 고전 반열에 올라 있기도 하다. 이 간단하지 않은 인물을 만나기 위해 역사와 철학의 미로를 헤매야 했다.


발트슈타인 백작의 보헤미안에 있는 도서관에서 회고록 집필에 몰두하고 있는 카사노바를 만났다. 1789년, 당시 그의 나이 예순다섯 살로 젊은 날의 건장하고 매력적인 모습은 스러지고, 주름 가득한 노인의 모습이었다. 그럼에도 불구하고 그는 하얀 깃딜을 꽂고 금실로 수놓은 양복을 입고 있었다. 그는 백작의 하인들로부터 모면에 가까운 대우를 받고 있었다. 단 하루라도 그가 요구한 커피와 우유와 마카로니 접시를 두고 싸움을 벌이지 않는 날이 없었다고 하니, 천하의 카사노바였지만 스타일이 구겨질 대로 구겨진 상태였다.

### 도서관에서 만난 카사노바

날마다 13시간씩 글을 쓰는데, 그 시간이 마치 13분 같다는 그의 회고대로 그는 사람이 다가가는지조차 모른 채 집필에 여념이 없었다. 인기척을 내고 첫인사를 마친 뒤 그와 함께 도서관 마당으로 나가 대화를 나눴다. 고독한 말년을 보내는 카사노바는 무척 반가워했다.

- 하인들이 너무 무례하게 군다고 하더군요.

  "멍청한 바보 녀석들! 쓰레기 같은 놈들입니다. 백작이 나를 조금만 배려했더라도 이 무례한 놈들을 단죄했을 것이오."

요란한 젊음을 보낸 카사노바였던 만큼 백작의 푸대접

이 못마땅한 모양이었다. 비록 우연이었지만 '드 생갈'이란 기사 칭호까지 받은 그로서는 견디기 힘든 모멸감일 것이다.

"아. 미안해요. 기자 양반. 이놈들 생각만 해도 화가 나니…. 참, 무슨 얘기를 듣고 싶소. 다 말해 드리리다."

평민 출신이었지만 타고난 언변과 재능으로 각국의 황제를 대면하는 외교 업무까지 수행했던 그인지라, 하고 싶은 말이 무척 많을 것이다.

- 아무래도 당신은 바람둥이로 유명하니 여자 이야기부터 하죠. 1,000명이 넘는 여인을 만났는데, 가장 기억에 남는 여자는?

"음, 나야 뭐 그때그때 만난 여자들 모두가 사랑스러웠소. 만난 여인들 모두에게 내 인생의 모든 것을 걸었소. 단 하나, 내 자유만 빼고 말이오. 그래도 꼽는다면 무라노의 아름다운 수녀 MM이 아닌가 싶소. 아, 본명이 아니라 이니셜로 말하는 것을 용서해 주기 바라오. 내가 사랑했던 여인이 내 기록으로 인해 곤경에 빠지는 것은 원치 않으니 말이오. 당시 나는 서른 살, 그녀는 스물두 살이었는데 상류층 출신인 데다 키가 크고 푸른색 눈동자에 날카로운 지성을 지닌 여자였소. 이 여인은 그때 프랑스 대사 피에르 드 베르니란 사람과 연애 중이었소. 그 세련된 프랑스 대사와 말이오. 그 대사의 숨결이 깃든 듯한 매혹적인 의상이며 화장에도 반했소. 정말 우주의 지배자가 거느린 후궁 가운데 가장 아름다운 여자라고 말할 만했지.

그런데 재미있는 것은 MM의 애인 베르니 대사였소. 나와 MM이 관계하는 것을 벽장에 숨어 훔쳐보는 것을 즐기는 것 아니겠소. 그 사실을 알고도 나는 오히려 기분이 좋았소. 나중에는 아예 초대해 놓고 보여주었소. 또 한 명의 애인인 수녀 CC를 포함한 우리 세 사람의 연애를 말이오. 베르니 대사와는 친구가 될 정도였소. 베르니 대사는 프랑스로 귀국하면서 MM을 나에게 맡기고 간다고까지 했으니 말이오. 뭐. 나도 그 얼마 뒤 베네치아 감옥에 투옥되면서 우리 관계는 지속되지 못했소만."

지금의 성관습이라면 이해하기 힘든 대목이지만 참고

넘어가자. 어차피 성의 풍속이란 공간과 시간의 변화에 따라 변하는 것 아닌가. 하나 짚어볼 수 있다면 카사노바 역시 금기된 관계에서 더 매혹을 느꼈다는 것을 알 수 있다는 정도일 것 같다. 타락했던 당시의 성직사회에서도 수녀와 관계를 가지기 위해 카사노바가 관계자들에게 뇌물로 바친 액수가 적지 않았다고 하니 말이다. 베르니 대사와의 기묘한 관계도 뭐 그리 내놓고 한 일은 아니었던 것 같다. 처음에는 서로 조심스럽게 접근했던 것을 보면 말이다.

### 자유를 위해 결혼도 포기

- 수많은 여인들과 관계하면서 혹시 결혼을 생각해 본 적은 없습니까?

"나도 결혼 문턱까지 갔던 적이 몇 번은 있었소. 그런데 운명 탓인지 이런저런 이유로 다 무산되었소. 내가 결혼하려 했던 것은 여자가 내 도움 없이는 못 살 것 같았을 때나 혹은 반대로 내가 그 여자의 도움이 꼭 필요할 만큼 궁색할 때였던 것 같소. 그도 아니면 결혼을 앞둔 여인과 사랑할 때였소. 미르라는 이름의 아가씨가 있었지. 그녀는 내게 약혼자를 보여준 뒤 그와의 결혼을 받아들여야 하느냐고 물었소. 만약 받아들일 필요가 없다면 대신 결혼할 수 있느냐고 물었소. 그 약혼자가 그리 나빠 보이지 않아 결혼하라고 하자 그녀는 절망하더군. 나도 참 여자의 마음을 몰랐던 것 같소. 그런데 생각해보면 그게 나의 천성이 아니었나 싶소. 나는 내가 몹시 힘든 상황에서 어떤 여자와 결혼하면 엄청나게 횡재할 기회도 있었지만, 마지막 순간에는 그마저 포기했소. 나는 미치도록 여자를 좋아하고 최고의 음식과 옷과 거처로 쾌락을 얻고자 했소. 그러나 나는 나의 자유를 더 사랑하오. 이 자유를 잃을 위험에서 아무리 아슬아슬하고 위급한 상황에서도 나는 언제나 나를 구하는 데 성공했다고 말할 수 있소."

# 서양문학사 불멸의 기록, 카사노바 자서전

말년의 카사노바는 비참했다. 육체적 매력도 시들어가고 돈도 떨어진 그를 기다린 것은, 보잘것없는 창녀의 희롱뿐이었다. 돈과 상류사회로 줄을 대주던 여자들이 모두 떠났으니, 카사노바가 할 수 있는 일은 스파이 짓이나, 종교재판소의 밀고자로서 죄 없는 이들을 감옥으로 보내는 것이었다.

그나마 그 일도 할 수 없게 되었을 때는, 유럽의 구석진 보헤미아의 발트슈타인 백작의 개인도서관 사서로서 자리를 지키며 자신의 인생을 되돌아보는 회고록을 집필할 뿐이었다. 물론 그가 회고록을 썼던 것은, 인생을 반성하거나 기록을 남기기 위해서가 아니었다. 더 이상 육체로써 즐길 수 없으니 과거를 기록함으로써 젊은 날의 '쾌락의 기억'을 다시금 맛보자는 것이었다. 이 얼마나 카사노바다운 집필 목적인가.

카사노바가 쓴 회고록은 당시 20권 분량에 달했으나. 그는 이것이 출판되리라는 생각은 조금도 하지 않았다고 한다. 원고는 그의 사후 20여 년간 묻혀 있다가 1820년 우연한 계기로 저명한 출판업자인 불로크하우스에 의해 입수되었고, 책으로 출간된 뒤 엄청난 대중적 반향을 일으켰다.

- 당신은 당신의 죄가 무엇인지도 모르는 채 베네치아의 납감옥에 갇힌 적이 있습니다. 한 평 반이 채 안 되는 그 지옥 같은 곳에서 1년 넘게 있었죠? 당신은 목숨을 걸고 그곳에서 탈출까지 했습니다. 나중에서야 종교재판관 때문에 갇히게 되었다는 것을 알았을 것입니다. 그런데 당신은 그 악명 높은 베네치아 종교재판소의 첩자로 일하면서 무고한 사람을 그 지옥 같은 납감옥으로 보냈습니다. 피해자가 가해자로 돌변한 것 아닙니까. 어떤 경위로 그 일을 하게 됐고, 혹시 그게 사실이라면 양심의 가책을 느끼지 않습니까.

"글쎄. 뭐 별로 그렇게 생각하지 않소. 그때 내 나이 50세 되던 해였소. 18년간의 기나긴 방랑 생활에 나도 너무 지쳐 있었소. 베네치아로 돌아오고 싶었고, 또 떠날 생각도 없었소. 또 떠나도 달리 대안도 없고…. 생계수단도 딱히 없었소. 내 귀국 허가를 내준 비밀 조직에서 그 일을 의뢰했을 뿐이오. 무엇을 더 생각해야 한다는 말이오?"

당혹스러웠다. 그럴싸한 자기 변론이라도 듣고 싶었지만, 그는 너무도 스스럼없이 자신의 치부를 인정하는 것 아닌가! 사실 그럴싸한 도덕적 명분이나 논리를 기대한다는 것이 어리석은 일인지 모른다. 20세기 최고의 전기작가라 불리는, '인간 읽기의 달인' 슈테판 츠바이크는 카사노바의 그 독특한 인물됨을 이렇게 말하지 않았던가.

"다른 사람 같으면 고문을 당하더라도 결코 인정하지 않을 사실들을 카사노바는 입안 가득 음식을 넣은 채 아무 거리낌 없이 편안하게 지껄였다. 자기가 사기친 것 하며 실패했던 일. 치욕과 성적 불능과 매독 등…. 그에게는 윤리적 강박관념을 관장하는 신경과, 관습에 관한 콤플렉스를 담당하는 기관이 전적으로 결여됐기 때문에 가능한 일일 것이다. …그는 도덕적 행동도, 부도덕적 행동도 하지 않았다. 다만 천부적으로 비도덕적인 인간이다. 그의 모든 결정들은 그의 관절에서 뛰어나왔으며, 이성이나 논리 그리고 윤리성에 절대 영향받지 않았다."

공자가 들었다면 틀림없이 카사노바를 짐승이라고 말했을 것이다. 그러나 이런 카사노바지만 우리 시대의 어떤 이들보다는 나아 보이기도 한다. 번듯하게 도덕과 이성을 가졌다는 우리 시대 일부 지배 엘리트층 가운데 명백한 수뢰죄나 성폭행, 독재 부역의 죄를 저질러 놓고도 억지스럽고 뻔뻔한 자기 변론만 늘어놓는 자들보다야 상큼하지 않은가.

- **당신의 선배랄 수 있는 돈 후안과 당신을 비교하는 이들이 많습니다. 혹 당신과 돈후안을 동렬에 놓고 보기도 합니다만, 돈 후안을 어떻게 보십니까?**

"돈 후안이야 소설 속의 인물이니 뭐라고 말하기 어렵소. 물론 내 주변에도 돈 후안 같은 사람들이 있으니 몇 마디 말은 할 수 있겠지. 돈 후안과 나의 공통점은 딱 하나, 헤아릴 수 없을 만큼의 많은 여인들과 관계했다는 것이오. 그것 말고는 우리 둘 차이는 너무 다르지. 나는 평민 출신인데 반해 그는 귀족이었소. 아쉬울 것이 없는 사람이지. 그런데 어쩐 이유에서인지 그 사람은 여자를 증오하는 것 같소. 그 매혹적이고 달콤한 쾌락을 주는 여자를 말이오. 돈 후안은 단 한 번도 여인들을 위해 진실한 사랑과 애착심으로 감동을 준 바 없다고 하지 않았소? 그는 여자를 악마로 봤소. 이브를 유혹한 뱀, 아담을 유혹한 이브로 말이오. 돈 후안이 여자와 성관계를 맺는 것은 즐기려는 것이 아니라 욕정에 사로잡힌 육체를 끄집어내 능욕하려는 것이었소. '네가 수녀복을 입었든, 순결하고 고귀한 눈빛 드레스를 입었든, 네 나체는 남성을 원하는 살덩이에 불과하다'는 것을 여자들에게 확인시키려고 그렇게 여자사냥에 나섰던 거요. 돈 후안은 여자를 취한다고 해도 결코 자신을 위해 소유하려는 것이 아니라, 항상 그 여인의 가장 귀중한 명예를 빼앗기 위해서였소. 그 사람은 이런 병적 집착으로 무너뜨린 여자들의 이름과 횟수를 암호로 기록하기 위해 서기까지 고용했다고 하더군. 이러했으니 한번 관계를 맺은 여인들이 얼마나 돈 후안을 증오했겠소. 다른 여인들에게도 돈 후안에 대한 나쁜 평판을 퍼뜨리고 조심하라고 일렀다고 하지 않소.

나는 다르오. 나는 매혹적인 여인만 나타나면 아랫도리부터 솟는걸. 나는 느끼는 것으로 내가 존재한다는 사실을 확인하고, 내 감각이 이끄는 대로 살았소. 그러다 보니 순한 여인들을 만나게 된 것 같소. 나와 사랑을 나누는 동안 여인들이 만족하지 못한다면 나 또한 만족하지 못한디오. 내가 온갖 *기교*를 배우고 정력을 얻기 위해 음식을 탐했던 것도 여인들에게 기쁨을 주기 위해서였소. 그런 점에서 나는 여인들과 사랑과 우정을 같이 나눈 셈이오. 그렇기 때문에 나와 연애한 여인들은 친구나 자매들에게 나를 소개해 주기까지 하지 않았겠소."

## 돈 후안 VS 카사노바

- 당신은 재능과 능력이 있고, 그 재능을 발휘할 기회도 많았습니다. 그럼에도 불구하고 당신의 뚜렷한 업적은 없습니다. 물론 당신의 회고록『나의 인생 이야기』는 당신의 의도와 무관하게 불멸의 고전으로 남습니다만. 당신 생전의 업적은 없고, 지금은 백작의 하인들에게까지 구박받는 지경에 이르렀습니다. 왜 그렇게 됐다고 보십니까?

"글쎄. 잘 모르겠소. 나 또한 고귀한 신분이 되고 싶었고. 공명심도 있었소, 또 좋은 음식과 멋있는 집을 원했소. 치장에도 관심이 많았고. 그런데 지금 이 유럽 촌구석 보헤미아에서 저런 무식하고 촌스러운 하인 놈들에게까지 구박받을 줄 누가 알았겠소. 하지만 가

만히 생각해보면 나는 평생 내 마음에 거리끼는, 나 자신도 이해하지 못하는 일들을 자주 저질렀던 것 같소. 나는 어떤 비밀스러운 힘의 충동질에 자극받았고, 의식적으로 그 힘에 아무런 저항도 하지 않았소. 내 마음속에는 항상 '무조건 내면의 충동이 이끄는 대로 움직여라, 운명이 너에게 제공하는 모든 것을 취하라. 네 안에서 강렬한 거부감이 일지 않는 한!' 이런 명령이 오는 것 같았소. 그리고 나를 행복하게 해주는 것은 그 어떤 직업이나 보금자리가 아니라 그 무엇에도 얽매이지 않는 자유분방함. 그리고 이곳저곳을 배회할 수 있는 자유였던 것 같소. 그러니 지금의 현실을 어떻게 탓할 수 있겠소. 나는 평생 나에게 닥친 좋은 일이나 불행의 원인이 바로 나 자신임을 언제나 기꺼이 인정해왔소. 나는 나 자신의 말을 잘 듣는 학생이었으며 스승으로서의 나 자신을 항상 사랑해 왔소. 이것으로 충분한 것 같소."

- 숱한 여인네들과 사랑을 나누었는데. 여인의 사랑을 얻어내는 어떤 비결이 있었습니까?

"기자 선생은 사랑해 본 직이 없소? 간단하지 않소.

사랑을 쟁취하는 확실한 길은 그 사람에게 새로운 기쁨을 선사하는 것이라오. 그리고 그 기쁨을 안기기 위한 행동을 지극히 자연스러운 느낌이 시키는 대로 하면 되는 거고. 아, 또 하나 중요한 것이 있소. 그것은 용기요. 기회가 오면 재빨리 하시오. 기회가 올 때마다 기꺼이 사랑을 나눌 각오가 되어 있지 않은 사람은 사랑에서 패배할 수밖에 없소."

과연 카사노바답게 명쾌했다. 그는 육체의 기쁨만 바란 인물로 생각되기 쉬운데, 사실 그렇지는 않았다. 몸의 기쁨을 나누기 위해서는 서로 간의 정신적 교류도 어느 정도는 필요했다. 이런 이유로 영국에서 지내던 시절 그는 어느 아름답고 유명한 고급 매춘부의 접근을 일부러 외면하기도 했다고 한다. 서로 사용하는 언어가 다른 두 사람이 정사를 행하면서 완전한 의사소통을 나눈다는 것은 불가능하다고 판단했기 때문이다. 카사노바의 이런 비결은 단순명쾌해 보여도 쉽게 따라 하기는 힘들 것이다. 카사노바는 여인들에게 기쁨을 안기기 위해 그의 전 재산을 걸기도 했고, 다른 출세의 길이나 일을 버렸기 때문이다. '여자를 위해 태어났다는 사명감에서 사랑을 쟁취하기 위해 모든 것을 건' 카사노바와 같은 사명의식이 없으면 더욱 힘든 일이다.

- 당신의 회고록을 보면 교회의 고해성사실에서도 관계를 가진 것으로 나오는데 불경스럽다는 생각은 하지 않았습니까?
"그게 뭐 이상한 일이란 말이오. 물론 나는 신이 있다고 믿소. 신께서는 인간에게 이성이라는 선물과 더불어 자유도 주셨지. 이 자유를 누리는 것이 당연하지 않소? 교회야 사업을 하는 곳 아니오?"

## 내면의 충동을 행동으로 이끄는 용기

하기는 오늘날의 교회와 당시의 교회는 다르지 않은가. 절대권을 가진 교회는 금식일에 고기를 먹을 수 있는 권한까지 돈을 받고 팔았다. 그의 기록에 따르더라도 지금은 도저히 상상하지 못할 (물론 오늘날에도 몇몇 못된 곳에서는 여전하지만) 일이 자행되고 있다. 가령 이런 것이다.

"나는 종교재판소의 소장인 키노니쿠스 피그나텔리노

알게 되었다. 그로 말할 것 같으면, 아침마다 간밤에 창녀를 바친 포주를 감옥에 집어넣는 위인이었다. 그는 아침에 눈을 뜨면 포주를 감금시키고 고해성사를 본 다음 미사를 올렸다. 그런 다음 점심을 먹고 육욕의 악마가 슬슬 꼬드기면 그 길로 매춘굴을 찾아가 창녀를 품에 안고 한껏 쾌락에 빠져 있다 다음 날 아침이면 전날과 똑같은 짓을 반복한다."

이에 비하면 카사노바는 매매춘이 성행하는 당시의 분위기에 편승해 여자들을 얕보지 않으려고 평생 노력했다고 한다. 또한 그는 상류사회에 편입되기 위해 애썼지만, 그의 출신 계급인 아웃사이더 층에 대해서는 동정과 연민을 느꼈다고 한다. 한번은 이탈리아 출신의 어느 연극배우에게 공연 허가서를 얻어 준 적도 있었다고 한다.

그의 표현을 빌리자면 '못생겼고 가난'했지만 이름을 묻지도 않고, 그럴 가치가 있는지 따지지도 않고 그가 원하는 특전을 얻어 주었다.

시간이 꽤 지났다. 그에게 마지막 질문을 던졌다.

- **참 굴곡 많은 삶이었는데 후회는 없습니까?**

"나는 평생 내 감각의 노예였소. 나는 방황을 좋아했고 끊임없는 오류 속에서 살았으며, 내가 지금 잘못 살고 있다는 것을 자각한다는 사실에서만 겨우 위안을 얻을 뿐이오. 그러나 선택은 나 스스로 한 것이라오. '자신에게 위해를 끼칠 수 있는 자는 자신뿐. 자신의 불행은 자신이 만드는 것'이라는 경구를 믿기 때문에 후회는 없소. 내 자신을 돌이켜보는 것은 기쁨의 재현이오. 물결치는 대로 바람 부는 대로 내 인생을 그리는 것이오. 나에게 내가 추구했던 쾌락을 회개하라고 설교하는 괴물들도 있고, 우리의 쾌락을 헛된 것으로 취급하는 철학자들도 있다는 것을 알고는 있소. 그러거나 말거나요. 회개한다는 것은 범죄에 속하는 것일 뿐이며, 쾌락이라는 것은 불행히 눈 깜짝할 사이에 지나가 버리지만 엄연한 현실이라오."

자유주의자로서의 면모가 선 굵게 드러나는 말이었다. 그는 죽음을 앞둔 시점에서도 크게 두려워하지 않았다. 그가 전립선비대증으로 죽기 얼마 전 그와 편지를 교환했던 어느 여류작가에게 죽음에 대해 이렇게 담담하게 쓰기도 했다.

"아마도 이 세상 뒤에는 아무것도 존재하지 않을 것이다. 아니면 적당한 시기에 이를 경험할 것이다."

카사노바의 결코 평범하지 않은 특별한 삶은 보통 사람인 우리로서는 쉽게 윤리나 도덕의 잣대를 들이대기 힘들 것이다. 또한 그의 삶에 어떤 가치판단도 함부로 하기 힘들 것 같다. 그러나 분명한 사실은 '사나이인 이상 괴테나 미켈란젤로 또는 발자크보다 오히려 카사노바가 되고 싶어 하는 것은 당연한 일'이라는 츠바이크의 말에는 잠자코 고개를 끄덕일 수밖에 없을 것이다. 가끔은 우리도 열정이 끄는 대로 격정에 찬 사랑에 몰입하고 싶을 때가 있으니 말이다.

# 다방면에 박학다식, 7개 국어에 능통했던
# 18세기 최고의 매력男

카사노바란 이름은 고유명사가 아니라 '바람둥이'를 가리키는 보통명사로 통한다. 1,000명이 넘는 여인과 열정적 사랑을 나누었던 만큼, 또 그 사랑을 자기 삶의 절대기준으로 삼았던 카사노바였던 만큼 그럴 만도 할 것이다. 하지만 그를 조금이라도 아는 사람은 인정하듯 그는 결코 '명동 카사노바'와 같은 부류의, 신문 사회면에 10년 주기로 한 번씩 나타나는 보통의 호색한만은 아니었다. 보통사람 이상의 교양과 재능과 탁월한 강점을 가진 인물이었다.

카사노바는 1725년 '로코코 시대의 본거지' 베네치아에서 연극배우인 아버지와 구두 수선공의 딸인 어머니 사이에서 태어났다. 그가 회고록 『나의 인생 이야기』에서 밝힌 바로는 자신의 몸 상태와도 관계가 있는 의학을 공부하려 했으나 부모의 성화로 법학을 전공했다고 한다.

당시 이탈리아의 명문 학교로, 사람들에게 선망의 대상

이었던 파두아 대학에서 「성서에서의 시민」과 「히브리인은 새로운 유대교를 건설할 수 있었는가」라는 두 편의 논문으로 박사 학위를 받았다. 당시로서는 보통의 나이인 18살 때였다.

졸업 후 남부 이탈리아의 칼라브리아에 있는 마르티라노 성당 주교 밑에 자리를 얻어 신부수업을 떠났으나 도착한 지 얼마 안 돼 그의 표현대로라면 '허름하고 조악한 시설, 형편없는 요리, 못생긴 여신도'에 질려 성직자의 길을 포기했다고 한다. 단지 그 이유뿐이었다. 그는 대도시 로마로 떠나는데 이 길은 그의 40여 년에 걸친 방랑의 시작이었다.

카사노바는 1785년 보헤미아의 발트슈타인 백작의 도서관 사서직을 얻어 회고록 집필에 골몰하기까지 유럽 전역을 돌아다니며 수없이 많은 일을 하게 된다. 물론 그 일이란 끝없는 여성편력의 사이사이에 그 비용을 얻기 위해 했던 부차적인 일일 뿐이었다. 그러나 그의 활동공간과 역할은 사실 만만치 않은 것이었다.

## 시대를 풍미한 자유주의자

전기작가 슈테판 츠바이크가 『거장의 세계』에서 정리한 바에 따르면 러시아의 여제 예카테리나 2세에게는 달력 개혁자와 박식한 천문학자로 등장하고, 라트비아의 쿠얼란트에서는 즉흥적으로 전문가를 가장해 광산을 검사하며, 베네치아 공화국에서는 비단 염색을 위한 새로운 처리기술을 권하기도 하였다. 스페인에서는 토지개혁가이자 식민지 개척자로 등장하며, 요세프 2세 황제에게는 고리대금업에 반대하는 거대한 상소문을 지어 제출하기도 했다. 발트슈타인 대공에게는 희극을 지어 바치기도 했으며, 위르페 공녀를 위해 다이아나라는 나무와 그와 비슷한 연금술적 위조작품을 만들었고, 마담 루뱅에게는 솔로몬의 열쇠로 금괴를 열어주었다.

프랑스 정부를 위해 주식을 사기도 했고, 아우크스부르크에서는 포르투갈의 사신으로 행세했다. 볼로냐에서는 의학에 관한 소책자를 저술하고, 트리스트에서는 폴란드 제국의 역사를 집필했으며, 『일리아드』를 옥타브 운율로 번역했다. 그가 이런 일을 할 수 있었던 것은 다방면에 걸친 그의 엄청난 재능 덕분이었다. 카사노바는 화학·의학·역사·철학·문학에 정통했고, 짐성술·연금술·마술에도 솜씨를 지녔으며, 라틴어·그리스어·프랑스어·히브리어에 능통했고, 영어와 스페인어도 조금씩 할 수 있었다고 한다. 여기에다 무용·펜싱·승마·카드놀이에서도 빼어난 솜씨를 보였다고 한다.

그러나 이런 재능을 한군데로 모아 어떤 '인물'이 되어 뭔가를 이뤄내는 것은 그의 관심 밖의 일이었다. 카사노바는 감각이 원하는 대로 행했을 뿐이었다. 그 대상은 물론 여자였고 쾌락이었다. 수녀와 고해성사실에서 관계를 갖기도 하고, 모녀·자매 등 금기된 양편의 혈육과도 애인으로 지내기도 했으며 귀부인·매춘녀 등 신분 고하를 막론하고 자신의 정신적·육체적 열정을 바쳤다. 그러나 그 쾌락의 대가는 조금 가혹했다. 서른 살이 되던 해에는 종교재판관 정부와의 밀회가 들켜 한번 들어가면 언제 나올지 모르는 악명 높은 베네치아 공화국의 납감옥에 갇히는 수난을 당하기도 했다. 카사노바는 이곳에서 1년 4개월을 복역하다 목숨을 건 탈출 끝에 자유를 되찾기는 했다.

하지만 더 큰 대가는 그의 정력이 하향세로 떨어지던 마흔 무렵부터 치러야 했다. 육체적 매력도, 돈도 떨어진 그를 기다리는 것은 보잘것없는 창녀로부터도 희롱당해야 하는 나락이었다. 돈과 상류사회로의 줄을 대주었던 여자가 없는 카사노바가 할 수 있는 일은 스파이 짓이거나 종교재판소의 밀고자 역을 맡아 죄 없는 이들을 한때 자신이 갇혔던 감옥으로 보내는 일이었다. 이 짓도 할 수 없게 되자 카사노바가 할 수 있는 일은 유럽의 구석진 보헤미아의 발트슈타인 백작의 개인도서관 사서로 자리를 지키며 자신의 인생을 되돌아보는 회고록 집필뿐이었다. 물론 그가 회고록을 쓴 이유는 인생을 반성하거나 기록을 남기기 위한 통상의 회고록 집필 목적과는 달랐다. 몸으로 할 수 없으니 기억을 더듬어 기록하면서 젊은 날의 '쾌락의 기억'을 다시금 맛보자는 것이었다. 집필 목적까지 카사노바다웠다.

카사노바가 쓴 회고록은 총 20권 분량인데, 그는 이 회고록이 출판되리라는 생각조차 하지 않았다고 한다. 원고는 그의 사후 20여 년간 묻혀 있다가 우연한 계기로 1820년 저명한 출판업자인 불로크하우스에게 입수돼 출판됐고 엄청난 대중적 반향을 얻었다고 한다. 전기문학의 대가인 슈테판 츠바이크에 의하면 카사노바의 회고록 『나의 인생 이야기』는 로코코 시대의 사회상을 완벽한 단면도로 보여주는 역사서이자, 열 세대 이상의 작가들이 작품을 끝어낼 수 있는 소재의 광산이나. 뿐만 아니라 츠바이크는 이 불한당의 회고록을 문학사상 불멸의 신전에 들어갈 작품이라고까지 평가했다.

> "한 인간이 강하게, 생동적으로, 일관된 모습으로, 그리고 일회적으로 살아간 삶을 살아간 강도가 강할수록 그는 더욱 완벽하게 현상으로 드러난다. 불멸이라는 것은 품행이나 문란함에 대해, 선이나 악에 대해 알지 못한다.…불멸에 있어 도덕은 아무것도 아니며 밀도만이 전부인 것이다."

# Screenwriter
# Interview

# 김운경
# - 세익스피어도 방송극 썼을 겁니다

"세익스피어도 자기 시대에 방송국이 있었으면 방송대본을 썼을 것이다." 지난달 드라마 〈파랑새는 있다〉를 마친 김운경 씨는 방송작가로서의 자부심을 이렇게 표현했다. 지금쯤 샌프란시스코 어딘가에서 저예산독립영화를 위한 시나리오 작업에 몰두하고 있을 그를 만났다. 출국

---

본고는 〈월간 사회평론길〉 1996년 1월호 "술도가니가 있는 풍경"이란 코너에서 방송작가 김운경 선생과 진행한 취중인터뷰다. 김운경 선생은 필자가 개인적으로 가장 존경하는 대중 작가다. 그리고 이 글은 필자가 써왔던 여러 글 중 가장 애착이 가는 원고 중 하나다. 이에 인터뷰 게재를 사양하시는 선생께 양해를 구하며 게재한다. 선생님, 죄송합니다.

바로 전날이었다.

애초 필자는 '술도가니가 있는 풍경'의 주인 노릇을 할 처지가 아니었다. 얼마 전까지 〈길〉지에서 한솥밥 먹던 처지인 지라 이곳 '풍경'의 손님으로 김운경 씨가 온다는 말을 듣고는 곁다리로 끼어 술 한잔 얻어 마시기로 돼 있었다. 그런데 막상 인터뷰하기로 한 선배의 화급한 개인사로 느닷없이 떠맡게 된 것이다. 조금은 부담스럽지 않을 수 없다. 인사동의 한식집에 진행을 맡은 구영식 기자[•]와 함께 먼저 와 있던 김운경 씨는 이런 사정을 들었던지 별로 놀라지도 않고 필자를 반갑게 맞이한다. 모자를 푹 눌러쓴 모습이 사진에서 봤던 인상과는 달리 훨씬 부드럽고 밝은 모습이다.

본래 인터뷰를 하기로 돼 있던 최석우 기자[••]와 구 기자는 열흘 전에 먼저 김운경 씨를 만났다고 한다. 인터뷰하기로 하고 만났는데 김운경 씨가 한 번 더 만나서 하자고 했단다. 그런데 그 이유가 걸작이다.

---

- 이후 김건희와의 통화로 유명해졌진 〈오마이뉴스〉 기자이다.
- • 〈월간 사회평론 길〉의 기자로 있던 1997년에 국내 최초 헌정앨범 '어 트리뷰트 투(A Tribute to) 신중현 1997'을 만들기도 했던 만능 기획자이며, 「술도가니가 있는 풍경」의 저자이다.

"인터뷰는 홀딱 벗고 나를 내보여주는 것인데, 한 번은 더 보고 해야 되지 않냐. 요즘 애들 나이트에서 그날 만나서 바로 연애하는 그런 것보다 한 번 더 만나서 서로가 좋다 해서 하는 게 좋지."

### 샹그릴라, 이어도, 나이트클럽

솔향이 배어 나오는 막걸리인 송엽주에 두부두루치기가 곁들여져 나온다. 붙임성이 그닥 많지 않아 보이는 필자를 생각해서인지 김운경 씨는 슬쩍 눙치는 얘기부터 하고 본다.

"우리 마누라가 김창완 씨하고 술도가니한 것 보더니 '이거 당신 고주망태되도록 술 마셔야 되는 것 아니에요. 아이고, 하지 마, 하지 마' 그러더라구요. 하하하."

지난번 만났을 때 은근히 독한 송엽주를 열통이나 비우고 한참 취했다는 그는 오늘은 그리 많이는 못 마실 것 같다고 한다. 내일(12월 13일) 바로 미국에 가기로 돼 있기도 하고 어제는 지인의 부탁으로 모 케이블 TV의 사장을 만나 꽤 많이 마셨다는 것이다.

"이리저리 사람들 참 많이 만나게 돼요. 일이 있으면 있는 대로, 없으면 없는 대로."

- **사람 만나는 것 즐기세요?**

"사람 만나는 것 좋아하죠, 좋아해야죠. 글을 쓰는 사람은 사람 만나는 취미 없으면 글을 못 쓰죠. 만나서 설혹 실망하더라도 흥미 있어 하면서, 희망을 품고 사람을 만나는 거죠. 그 속에서 글이 나오지, 뭐 사람 만나는 것 싫어하고, 은둔하고 이랬다가는 뭐 별로…. 글 쓸 때도 저는 사람 많은 데서 쓰지 혼자 박혀서 쓰려고 안 해요."

- **그래도 글 쓸 때 사람들 왔다 갔다 하고 그러면 잘 안 써지지 않아요?**

"한때는 저도 굉장히 날카로웠던 시절이 있었어요. 누가 뭐 좀 거슬리게 하면 막 신경질 내고, 집사람보고 조용히 하라고 고함지르고, 그러다 가정파탄에 이를 때도 있었고… 그런데 계속 직업이 되고 보니까 사람 왔다 갔다 하는 데서도 작업하면서 전화 받고 전화 끊고 그러다 또 쓰고 이렇게 되더라구요."

그는 1년에 반은 여행을 하느라 집을 비운다. 그리고

행선지의 반 이상은 히말라야를 중심으로 한다. 인도, 네팔 등지엔 1년에도 서너 차례 이상 다닌다. 그의 인도여행기는 〈한겨레〉에 연재되기도 했었다. 인도, 그곳은 속俗을 떠난 성聖, 피안의 세계와 같은 곳 아닌가.

**— 인도 여행 오래 다니는 분들은 왠지 세상일들엔 무연해 보이죠.**

"예, 대개 집안들 말이 아니죠. 신경도 전혀 안 쓰죠. 집안 얘기는 서로들 안 물어보지만 엉망이죠."

**— 그런데 김운경 씨는 인도, 이쪽 여행을 많이 하는데도 그동안 작품에서는 뭐랄까 신비주의적인 분위기 같은 게 안 보여요.**

"그렇죠. 저는 그런 거 전혀 안 써요. 지명 같은 데나 가끔 쓰죠. 니르바나나 샹그릴라라든가, 아시다시피 니르바나는 열반이란 뜻 아닙니까. 샹그릴라는 유토피아, 피안 세계…"

그러고 보니, <파랑새는 있다>의 나이트클럽 이름이 샹그릴라다. 유토피아, 우리식으로 하면 '이어도' 같은 것.

— 참, 제가 좁게 살아와서 그런데, 요즘 서울에도 샹그릴라 같은 나이트가 많습니까?

"요즘도 나이트클럽들 대개 그렇게 운영돼요. 무대 뒤는 김밥 장사 아줌마들 왔다 갔다 하고, 일수 아줌마가 돈 받으러 왔다 갔다 하고, 또 출연부라 해서 도장 찍고, 사회자는 밴드들하고 술 먹으면서 노닥거리고, 인기 없는 가수는 이놈 저놈 와서 집적대고."

### 구라로 푼 '전설의 고향'

그가 제대한 뒤 입학했던 서울예전 문예창작과에서의 창작수업과 2년간 공사장 등 사회의 밑바닥을 전전했던 인생 경험. 그리고 81년의 〈동아일보〉 신춘문예 동화 당선. 이를 계기로 장편을 쓰던 그는 그해 가을 KBS 드라마작가 공모를 통해 방송에 입문한다. 처음 맡았던 드라마는 〈전설의 고향〉. 첫 드라마에서 그는 특유의 끼를 발휘한다.

"제가 처음 쓴 방송원고가 전설의 고향의 '쌍굴암' 편이에요. 갖다 준 원고를 피디가 읽고 나더니 이 전설 어디서 나온 거냐고 묻는 거예요. 제가 지어냈다고 그랬죠. 사실이 그랬죠. 원고를 쓰려고 전설을 찾아봤는데, 웬만한 건 선배 작가들이 다 썼으니까. 담당 피디가 "이 친구 구라 잘 친다"며 그냥 웃더라고요. 그래도 지어냈다는 게 시청자들에게 들키면 안 되니까 드라마 맨 끝에 '어디서 전해 내려오는 전설'이라는 나레이션에서 평안도 어디서 내려오는 거라고 구라쳤죠. 그쪽은 북한이니까 확인이 안 될 거고. 재밌는 일도 많았죠. 한기철이란 문창과 같이 다니던 친구가 있었어요. 이 친구가 무지무지 굉장한 짠돌이에요. 돈도 꿔가면 잘 갚지도 않고. 저한테도 그때 돈으로 3,000원인가 30,000원인가를 꿔가서 안 갚는 거예요. 제가 전설의 고향을 하면서 맨날 3,000냥 먹고 달아난 놈, 이름은 기철이라고 했죠. 사극 이름엔 기철이란 이름이 어울리지 않아요. 사극엔 봉술이, 흥만이, 아니면 덕쇠 뭐 이런 이름이 어울리죠. 그런데도 30,000냥 떼먹고 달아나다 붙잡힌 기철이 이런 식으로 나쁜 역 이름으로 계속 쓰니까, 나중에 이 친구가 전활 했어요. '야, 내가 꾼 돈이 얼마냐, 갚을게. 제발 고만 써라.' 하하하. 〈형사〉 쓸 때도 그랬죠. 악역 이름은 죄다 심술부리고 싶은 친구 놈들 이름으로 했죠."

애초 문학에서 출발한 작가인지라, TV 속의 문학 얘기가 나온다. 동석했던 구영식 기자가 인상 깊게 봤다던 〈신TV문학관〉의 "길 위의 날들"에 대한 말을 꺼낸다. 절제된 영상과 함께 문학적 심도도 있었다고. 그러나 이에 대한 김운경의 반응은 뜻밖이었다.

"절제된 영상이라고 하지만 영상 때문에 인간 내면의 진실이 다 죽어버려요. 이발소 그림 같은 겁니다. 그 그림들의 어떤 것들이 삶의 진실을 담고 있습니까. 드라마는 휴먼드라마가 돼야 하죠. … 드라마는 예술영역이 아니거든요. 영화는 예술이죠…. 드라마는 인간 내면의 진실에 초점을 맞춰야 하고 또 드라마를 보고서 눈물도 흘려야 되고…. 그래서 감동해서 '그래, 나도 며느리에게 저래선 안 되겠다', '나도 우리 남편한테 잘해야지', '중년의 고독이란 게 저렇게 쓸쓸한 거구나', '직장이란 게 저렇게 아픈 거구나', 이런 그 어떤 것들을 전달시켜줘야 되거든. 드라마라는 게 좀 도덕성이 더 강해야 돼요."

저음에 조금 짙은 톤. 술은 몇 잔 들어가지 않았는데, 얼큰히 취한 젖은 목소리다.

## 이중섭과 박수근

**– 드라마의 독자성을 강조하는 편이네요.**

"그렇죠. 드라마는 독자적으로 창의력에 의해서 자기 영역을 가지고 있는 것이지, 그것을 가지고 TV문학관을 각색한다든가, 문학성을 뭐 어떻게 한다든가…. 예술이 인생보다 우위에 있다는 것은 말이 안 되는 거죠. 예술 없이도 아름답게 살아온 사람들이 얼마나 많은데…. 싯다르타가 뭐 예술가였습니까? 위대한 인간으로 살아가는 게, 훌륭한 인간으로, 아름다운 인간으로 살아가는 게 중요한 거지…. 예술의 미명하에 이상한 행동을 하고, 또 그걸 합리화시키고…. 그림도 이중섭의 그림보다 박수근 씨 그림이 더 좋게 느껴지는 게, 그 사람은 그냥 소박한 인생 속에 서 지나가는 사람들 그렸잖아요. 그게 더 아름답게 느껴진다구요. 인생이 더 중요하다는 거죠. 드라마에서 그런 걸 보여줘야 되는 거고…. 이웃하고 어울려 착하게 사는 게 얼마나 따뜻하고 아름답다는 걸 보여줘야지, 드라마에서 무슨 뭘…. 드라마에다 아름다운 영상을 깔라는 것은 너무 웃기는 거예요. 5호 짜리 그림에다가 명작을 그리라는 거랑 마찬가지예요. 요만한 화면 속에서 화면

이 안정돼있는 속에서 어떻게 와이드 스크린에서 따라오는 그런 걸 TV가 담을 수 있습니까. 드라마에선 그런 건 포기해야 된다고 생각해요."

– **포기할 건 과감하게 포기해야 된다?**

"그래요. 거기서 카메라 앵글 갖고 장난하고 그러는 게 아니죠. 피디의 섣부른 영상론 때문에 수많은 드라마들이 학살당하고 있어요. 작가가 쓰는 드라마의 진실, 대사의 진실을 제대로 담으려면 그 사람 얼굴을 잡아줘야 되는데 지 영상적인 고집에 의해서 엉뚱한 데다 잡고, 이런 짓거리를 굉장히 많이 해요."

– **〈여명의 눈동자〉나 〈모래시계〉 같은 건 어때요. 제 나름으로 보기엔 영상미가 있어 보이던데요.**

"카피죠, 카피. 주윤발이 총을 이렇게(넘어지면서 한 손으로) 해서 애들한테 툭 던지면 슬로모션으로 어쩌구 하구 받는 거하고 뭐 다릅니까? 싸이렌 소리 울리면서 똑 때리면 퍼억하고 쓰러지고…. 뭐 다 카피죠. 한국적 영상이 어디 있습니까?"

**– 그런 말씀 들으니까, 드라마에만 국한되는 게 아니라 한국 영화 전체에 대한 부정으로 들리네요.**

"영화에 대해 굉장히, 굉장히 부정적이죠. 사그리 반성해야 되는 부분인데…. 이데올로기의 벽 같은 게 이제 많이 약해졌고, 여건도 많이 좋아졌는데 영화를 만들더라도 철저하게 베끼기 일색으로 돼 있지 않습니까. 제목만 해도 하여튼 외국 제목으로 하거든요. 〈스타트〉, 〈프로포즈〉, 〈웨딩드레스〉. 나중에는 〈마리아와 여인숙〉, 뭐 이런 식으로 나가는 거예요. 〈투캅스〉 이후로. 제목만큼은 한국 제목으로 지어야 하지 않을까, 그리고 요즘 〈영웅반란〉, 중국 것도 아니고 한국 것인데. 또 뭡니까, 〈복수혈전〉…. 아, 나쁜 놈들이에요. 한국적인 정신이 있는 사람이 그렇게 만들겠어요. 한국 방송사에서 그렇게 한다는 게…. 그런 놀음을 벌이는 놈들은 구속시켜야 해요. 나쁜 놈들."

### 문화보안법

많이 듣던 말이다. 그러고 보니 〈파랑새는 있다〉의 작곡가가 했던 말 아니던가. 그것도 한두 번이 아니었던 듯하다. 어쨌든 옆의 구 기자가 거든다.

**– 죄목을 뭘로 해야 할까요.**

"문화경찰법…?"

**– 문화보안법, 문화보안법이면 되겠네요. 하하하.**

"좋아요. 문화보안법, 문화보안법으로 구속시켜야 돼요. 나쁜 놈들, 또 제목도 그렇지만 그림 나오는 것도 그래요. 야경 적당히 깔리고, 바바리코트의 깃을 탁 세우고 보도 위를 걷고 있다. 뭐 순 이런 거예요. 이름도 무슨 리라 국민학교 애들 이름 같은 것 있잖아요. 수빈이, 수아, 남자 이름은 민우, 이 지랄하고 아뜨리에에서 그림 그리고…. 정말 폐차장에서 폐차 기름 뒤집어쓰고 윈도우브러시에서 먼지 닦아내는 건 영상이 아닌 줄 아는 거예요. 타르코프스키 영상은 얼마나 황량하고 아름답습니까. 그런 건 정상이 아닌 줄 아는 거예요. 정상이라면 뭐 그런 것들이에요. 탁, 꽃 있고 사랑하는 연인에게 아침이면 장미꽃 보내고 또 뭐, 맨날 집에 딱 들어가면 인형들 사는 집인지…, 그렇게 해놓으면 미술 잘 꾸몄다…. 이런 거 부수지 않으면 힘들어요. 우리나라는 저예산영화로 가야 돼요. 돈이 없으니까…. 〈라스베가스를 떠나며〉 같은 영화 보세요. 인물 누가 나옵니까. 니콜라스 케이지하고 여자 하나 하고 나머지 또 누가 나옵니까. 나머지 거의 엑스트라잖아요. 거기서 끊임없이 사랑하고 끊임없이 살아가고…. 그 시나리오가 굉장히 잘 돼 있습니다. 그런데 우리나라에선 상상력의 빈곤이니까, 베끼죠. 〈투캅스〉, 그대로 베낀 것 아닙니까. 철저하게 베껴먹는 겁니다. 창의력이 이렇게 없을 수가 없어요. 그러니 황량한 사막을 가듯이 내가 내 창의력으루다 승부를 걸어야 돼요."

**– 그래도 장선우 감독 같은 분은 상당히 독창적인 데가 있지 않습니까.**

"예. 장선우 감독, 영양가 있죠. 이분이 시나리오도 참 잘 써요. 그래서 제가 얘기하는 건데 시나리오 작가가 영화를 만들어야 한다는 거예요. 그것도 좋은 시나리오 작가가. 타르코프스키나 베라 만 같은."

**커피심부름하는 스타**

술잔도 몇 차례 더 오가고, 자리도 조금씩 익어가자 사진 기자도 슬슬 찍을 채비를 갖춘다. 그러자 예의 카메라 알레르기가 도지는지 슬쩍 비켜선다.

"카메라를 보니까, 야 이기 어렵네."

**– 작업하는 곳에선 항상 카메라 보실 텐데.**

"저도 연기자들한테는 '야, 카메라 의식하지 말아라' 그러죠. 하하하."

**– 아이러니하네요.**

"제가 연기자들한테 자주 그런 얘길 해요. 나이 든 연기자한텐 안 해요. 저보다 나이가 위인 연기자들한테 절대 얘기 안 해요. 연기 잘한다 못 한다 얘기 안 해요. 그냥 무조건 대충 괜찮습니다, 이렇게 얘기해요. 그런데 젊은 연기자들한테 하죠. 분장실 같은 데 가보면 뭐 저러나 싶을 때가 있어요. 너무 박제된 상태에서 나오는 것 같애. 아, 자고 일어났는데 루즈 바르고 나와. 화장 안 하면 죽는 줄 알아요. 밥 먹으면서도 거울 쳐다봐요. 꼴 보기 싫습니다. 아예 못생긴 게 낫죠."

**- 그래도 양금석 씨 같은 경우는 초췌한 몰골로 일어나 담배 한 대 물면서 아침을 시작하는 장면 같은 건 참 실감 나던데요. 여고생 딸 혼자 키우는 밤무대 여가수의 분위기가 그대로 살아 있는 것 같더라고요.**

"양금석 씨, 아주 좋은 연기자죠. 제가 놀랄 정도였죠. 밤무대 인생이 그대로 살아나요. <지저스크라이스트>에서 막달라 마리아 역으로 나왔던 뮤지컬 연기자로도 아주 좋았는데, 우리나라 뮤지컬 무대가 좁아서 그렇지 그쪽으로도 무척 좋은 배우죠."

**- 젊은 연기자 중에서도 좋은 배우 많죠.**

"봉미(정선경)가 상당히 좋아요. 도지원, 채시라도 겸손하고 좋죠. 근데 정선경은 너무 티가 안 날 정도예요. 스타 끼를 전혀 부리질 않아요. 자신이 커피 심부름까지 다 하고. 참 착해요. 이번에 드라마 하면서 많이 놀랐어요. 절봉이, 병달이, 다 착하고 열심이죠."

말을 막 마치려는데 풍채 좋은 흰 잠바 차림의 중년의 사나이가 들어섰다. 김운경 씨는 무척 반가워하면서 서둘러 인사를 한다. 이런저런 인사말이 오간 뒤, "조금 뒤에 가보겠습니다." 하고는 자리에 다시 앉는다. 〈한겨레〉의 김종철 논설위원이었다.

"제가 김종철 논설위원을 잘 몰랐는데, 한번은 제가 〈옥이 이모〉를 할 때인데 〈한겨레〉에 "정치인들이여, 옥이 이모를 보라"는 제목의 칼럼이 나왔더라구요. 김종철 위원을 모를 때였는데…. 그 뒤 제가 전화를 한번 드렸죠. 너무 감사하다고. 그래서 인연이 돼서 몇 번 만나고 그랬죠." 가난한 집안에 태어나 사랑하는 사람과의 결혼에 성공하지 못한 채 한 많은 인생행로를 걷는 경상도 여자 옥이 이모의 30여 년의 생을 담은 〈옥이 이모〉는 그의 어린 시절의 이런저런 추억과 친구 이모의 얘기를 섞어서 만들었다고 한다.

### 노벨편지상

사진도 찍고 송엽주도 한 세 통 비우고 나니 1차는 파장 분위기다. 2차는 근처의 또 다른 한식집인 영산강. 이곳에서는 소주에 홍어회. 현장취재의 오랜 관록 때문인지, 2차로 와선 스스럼없이 말을 놓는다.

"인터뷰는 무슨 인터뷰야, 좋은 후배들 만나서 술 한잔

하는 거지."

 그런데 술은 맥주를 따로 시킨다. 내일 미국으로 떠나기 때문이라고. 그가 미국에 가는 것은 시나리오 작업 때문이다. 샌프란시스코에서 영화 수업을 하는 서른두 살의 유학생이 저예산 독립영화를 해보자고 보내온 편지가 그의 마음을 움직인 것이다.

 "난 제일 재미있게 읽는 게 작가가 작가에게 보낸 편지야. 고흐가, 체홉이 친구 누구누구에게 보낸 편지. 이거 나는 참 재미있게 읽어요. 내가 이번에도 감동한 미국 샌프란시스코에 있는 친구한테 온 편지야. 내가 걔한테 팩스로 답신을 보내면서 그랬어. 노벨편지상이란 게 있으면 너한테 가야 되겠다. 이 개새끼(그는 정말 흡족한 표정으로 이 '개새끼' 한다. 진짜 나쁜 놈을 말할 때도 이거고, 정말 맘에 들어 하는 사람을 말할 때도 '개새끼'다. 물론 목소리의 톤과 표정의 차이는 있지만) 편지를 너무 잘 쓰는 거야. 나는 이 새끼처럼 팩스로 편지를 잘 쓰는 놈은 처음 봤어요.

 와! 그래서 반했어요. 도대체 애는 얼마만큼 깊이 있는 사상이 있고, 영화적인 철학이 있길래 서른두 살의 나이에 이토록 무섭게, 이 정신으로 나를 위협하는가. 이 열정으로… 나를…. 그래서 얘기했어요. 다른 사람한테 1억 받을 걸, 오케이, 너한테는 1,000만 원만 받겠다. 1,000만 원 받고 너한테 탁 주겠다. 줄려면 홀딱 벗고 주겠다."

### 지워짐의 미학

그의 드라마는 우리 사회 주변부 삶의 애환을, 그들 스스로의 풍경과 말로 밀도 있게 그려내는 것으로 정평이 나 있다. 고통스럽던 유년의 성장기를 거쳐 스무 살 무렵, '돈 내놓으라'고 어머니에게 깽판을 치기까지 했다던 청년기의 격렬한 방황은 많은 작가들의 공통된 태반胎盤이기도 하다. 사회의 밑바닥을 전전하다, 동화를 통해 문단에 잠깐 발을 담그기도 했던 그가 드라마 말고 시나, 소설과 같은 이른바 본격문학에 대한 욕망은 없는 것일까.

"가끔씩 몇몇 후배들이 그래요. '형, 소설 써' 그럴 때, 참 황당해요. '됐어, 됐어' 하고 이런 얘길 하죠. 500이나 1,500미터 뛰는 육상선수에게 같은 육상이니 마라톤을 권유하는 거나 같다 이거죠. 장르란 것은 서로가 있는 것이다. 나는 내 장르에 충실하고 싶다. 다만 인간적으로 얘길 하면 〈전설의 고향〉 한 편 쓰는 거랑 단편소설 하나 쓰는 거랑 똑같은 고통의 깊이를 느끼는 것이다. 그렇지만 〈전설의 고향〉 한 번 나가고 나면 원고료만 한번 나오고 없어지는 거야. 너무 허무한 거야. 이거 내가 뭐 하는 짓인가. 그러니까 폭음하고.

'아, X 같구나, 이거 드라마가 소비성 문학이구나.' 문학도로서 당연히 느낄 수 있는 거죠. 젤 처음에. 그런데 갈수록 그게 아니더라구. 특히 잘못된 작품, 잘못된 단편을 읽을 때마다…. 난 최인훈 선생이 『광장』을 세 번 고쳤다는 거에 굉장히 공감해요.

젊었을 때는 치기 어린 게 있거든. 잘못된 소설을 썼을 때, 읽었을 때, '이런 염병할…. 이걸 소설이라고 썼는가.' 저도 그래요. 잘못된 드라마를 쓸 때가 많아요. 누군가가 '아유, 저것도 드라마라고 또 나와. 저 드라마, 또 나와.' 이런….

지워짐의 미학이라는 것이 있더라구요. 그래서 제가 한때는 이런 걸 써 붙여놨습니다. '즉시현금 갱무시절卽時現金更無時節'이라. '즉시현금', 바로 이 순간이다. '갱무시절', 흘러간 것은 돌아오지 않는 것이다. 그러나 그렇다고 해서 최선을 다하지 않는 것이 아니라 그 주어진 데서 최선을 다하자. 아름답게 떠나버리자, 아름납게 흘려보내자. 자,

이렇게 해놓고 읽어보니까, 뭘 남기려는 거냐, 물 위에 쓰는 이름, 이야기처럼….

어떤 면에서 드라마라는 것은 훨씬 좋지 않은가. 나의 치졸함, 용렬함, 또 내 치기 어린 것. 이런 대사들이 한번 방송에서, 때로는 시청자들에게 남고, 때로는 흘러가니까, 나름대로 에… 됐지 않냐. 지워줌의 미학이 참 아름다운 것 같아요. 드라마로서는. 방송작가로서는.

그래서 누가 '애프터라이프가 주어진다면. 넌 뭐할래' 하고 물으면 난 방송작가한다고 그럴 겁니다. 왜? 고통스러워도 난 이게 좋은 것 같아요.

방송작가들 참 싸잡아 막 욕합니다. 그랬을 때, 뭐 같이 욕먹는 거죠. 난 아니라고 얘기 못해요. 저도 제 드라마로 욕먹을 수 있어요. 다만 세익스피어 시대에 방송국이 있었으면 세익스피어도 방송극 썼을지도 몰라…. 방송극을 니네들 너무 우습게 보지 말어. 방송극이란 거 이거 굉장히 중요한 거다. 지금 어떤 문학보다도 이 난세에, 이 대국민의 준전시 상태의 경제위기 이런 상황에서는 방송만이 힘을 발휘해서…. 또 우리나라 모든 사람들을 테레비에 700만, 800만을 앉게 만들잖아요. 거기서 구라 푸는 겁니다. 700만, 800만을 앉혀놓고 인생은 이런 것이고, 우리는 이렇게 살아야 된다는 것을 제시할 수 있다는 것은 방송작가만이 할 수 있는 거예요."

말을 한번 꺼내면 쉽사리 닫기지 않으면서 말의 장강을 이어간다. 어찌 끊을 수 있으랴. 원고지를 메우며 스스로와의 대화에 익숙해 있을 작가인데, 그 외로움이 만들어내는 말의 성찬이나마 없으면 어찌 한 잔 술을 하겠는가.

### 월선이, 옥이 이모 마음이면 IMF도 이긴다

그의 드라마에서는 꼭 사회현실에 대해 작가가 발언해주고 싶은 것을 대신 말해주는 배역이 꼭 있기 마련이다. 〈파랑새는 있다〉에서는 앤디 김과 카페 '아마데우스'의 단골인 작곡가가 주로 이 역할을 맡았다. 이런 인물들이 꼭 설정돼야 할 만큼 그가 우리 사회에 하고 싶은 말은 켜켜이 쌓여 있다.

"드라마는 정말 도덕적이어야 돼요. 나쁜 놈은 진짜 패야 돼. 백관장, 처절하게 당해야 돼, 포장마차해야 되고, 나쁜 놈은 처절하게 당해야 돼. 〈서울의 달〉의 홍식이 죽어야 돼. 그것도 쓰레기통 옆에서."

**– 그래도 홍식이나 백관장이 당하는 걸 보면서 사람들은 통쾌함보다는 오히려 동정심이나 연민을 느끼는 것 같던데요.**

"그래, 나는 악에 대한 연민이 강하다구. 악은 연민을 불러일으킨다구. 군대 있을 때면 선임하사 X 같은 놈들 많이 만나잖아요. 그래도 결국 연민이잖아. 나중에 제대해서 봐. 저 새끼 죽여, 그래도 만나면 웃고 그러잖아. 그리고 에라 잘먹고 잘살아라. 불쌍한 놈. 그러고 연민을 느끼잖아. 연민은 굉장히 중요해요. 내가 〈옥이 이모〉 마지막에 뭐라고 했는지 잘 기억은 안 나지만, '옥이 이모, 이모는 모든 사람을 사랑했다' 하면서 난 연민이란 이미지를 그렇게 썼다고. 내가 한번 눈 오는 날 설악산에 가서 그걸 느껴봤어요. 새 발자국이 이렇게 찍혀 있더라구요. 새가 빨갛게 언 시린 발로 눈길을 툭툭 찍고 간…, 그 이미지 있잖습니까. 연민의 이미지. 인생이란 연민을 품고 살아가는 것이다. 그 숱한 고통과 아픔을 겪어가면서… 옥이 이모… 월선이에요. 제가 그리고 싶었던 것은 월선이에요. 평생을 그렇게…. 용이가 '내, 니한테 미안하다' 그러면서 죽어갈 때. 월선이가 그러죠. 손을 꼭 잡으면서 '괘안십니더…' 이런 인간, 눈물겨운 인간이 우리 인생이고 우리 사회를 일으켜주는 거라구. 양놈들이 봐도 우리가 착하면 동화된다고요. 맑은 아기의 눈으로 쳐다보면. 물론 악당이면 어쩔 수 없겠지만. 착한 마음을 품고 살아가면 이긴다고 이 IMF도 이긴다고. 착한 마음으로 살면 이기지 나쁜 마음으로 살면 이길 수 없다구."

그의 이런, 그대로 풀어 놓으면 대사가 되고, 소설의 한 구절이 될 말을 모범생처럼 잘 듣고 있던 나는 슬슬 눈이 잠겨왔다. 약한 주량이다, 사는 데 정신적, 육체적으로 너무 지쳐 있어서 그런가. 꿈결처럼 말들이 또 들려왔다. 정치의 희망 없음에 대해, 공영방송의 저급함에 대해, 검열에 대해, 그 외 모든 것들에 대한 분노에 대해, … 그러다 떨어진 모양이다. 일어나보니, 모두들 자리를 챙기고 있었다. 그러나 이 말 한마디는 꼭 해야겠다. 김운경이 꼭 전해 달라는 말이었으니.

"방송 장사를 하다 보니까, '아, 이거 본전치기다. 아, 이거 밑졌다.' 하는 감이 와요. 〈파랑새는 있다〉는 본전치기는 한 것 같아요. 더 잘해야 하는데. 어떤 면에서는 피디의 영상과의 불화가 심했어요. 피디하고 티격태격한 게 많았어요. 전 피디\*도 불행한 거죠, 저 같은 놈을 만났으니까. 전 피디는 착한 친군데, 그 친구 속을 많이 썩여서 미안하고. 〈길〉에서 내가 미안해 하더라고 꼭 전해주세요.

---

* 전산 PD. 〈파랑새는 있다〉를 제작한 KBS 피디였고, 이후 팬 엔터테인먼트로 이적해 드라마사업부 총괄 부사장이 되었다.

# Comic Book
# Reviews

# 이것이 진짜
# '특종'이다

★ 『Last News』 히로카네 겐지 글·그림, 전8권, 서울문화사
★ 『특종 사건현장』 오타니 아키히로 글·오시마 야스이치 그림, 전9권, 대원문화사

　기자들이라면 누구나 특종을 노릴 것이다. 그러나 특종이란 무엇일까. 다른 언론사의 기자들보다 몇 분, 몇 시간 빠른 것이 특종일까. 하긴 그게 특종일 수도 있겠다. 〈중앙일보〉 문일현 기자가 등소평의 죽음을 다른 언론사보다 먼저 잡았다며, 스스로 1면에 '세계적 특종' 운운했던 적도 있으니 말이다. 그러나 본래적 의미의 특종이라면 단

---

이 장의 글들은 지금은 폐간된 〈월간 말〉지의 2000년 8월에서 다음해 5월까지 〈서른살이 넘어서도 재미있게 볼 수 있는 최용범의 만화파일〉이란 이름으로 연재한 만화리뷰다. 이번 원고는 그중 첫번째 것(2000년 8월호)이다.

순 사실이 아닌 진실에 가장 깊이 육박해 들어간 기사일 것이다.

이번에 소개하는 『Last News』, 『특종 사건현장』은 양에서나 질에서나 특종의 본래적 의미를 쫓아 분투하는 기자들의 모습을 현실감 있게 다룬 수작들이다. 특히 『Last News』는 '언론의 본래적 기능이 무엇인가'라는 문제에 대해 정면으로 도전하는 박력 넘치는 피디가 주인공이다.

## 대표적인 전공투세대 작가, 히로카네 겐지

『Last News』의 작가 히로카네 겐지는 『시마과장』으로 한국의 성인독자들에게도 꽤 많이 알려져 있다. 그는 와세다대 법학과 66학번으로 전공투 세대이기도 하다. 졸업 후 마쓰시타전기 광고 선전부에서 4년간 근무한 바 있다. 재미있는 것은 그의 대표작 『시마과장』의 배경이 하츠시바전산이고, 주인공이 선전과장인 데 있다. 하츠시바전산

Last News

이 마쓰시타그룹을 모델로 해서 그려졌을 것은 불문가지의 사실이다. 그의 직장생활의 생생한 경험 때문에 『시마과장』의 농밀한 리얼리티가 가능했던 것이다.

여담이지만 우리나라 작가의 경우 보통사람이면 누구나 거치는 직장이나 사회경험 없이 20세를 전후해 문하생 생활을 하다 데뷔하는 경우가 태반이다. 이 점 때문에 우리 만화의 현실감이 떨어지고 있다는 걸 생각하면 부끄럽다.

그의 대표작 『시마과장』은 TV 드라마로 만들어지기도 했으며, 그는 종종 TV토론 프로그램의 패널로 나오기도 한다. 우리식으로 하자면 이른바 86세대인, 사회의 주축을 이루고 있는 전공투세대의 사회적 삶의 애환을 휴머니틱한 시각으로 그려내고 있어 일본 내에서 많은 팬을 확보하고 있다.

『Last News』는 밤 11시 59분부터 11분간 그날 각 방송국에서 방영한 뉴스 중 하나를 선택, 집중적으로 파고드는 것이 컨셉트인 유력 공중파방송의 뉴스프로그램이다. 〈동아일보〉가 같은 목소리를 내지 않겠다고 했듯(!), 이 프로그램은 한가지 테마를 찾았으면 같은 얘기를 절대 하지 않는다. 잘 짜 맞춰진 미딤 기사를 재추적해 미담의 주인공이 사실은 악인이었다는 것을 밝힌다든지, 혹은 표피적으로만 발표된 사건을 심층추적, 문제의 본원에 정치권력과 재계의 결탁이 있다는 것을 드러내는 등 '심층추적보도'가 무엇인지를 확연하게 보여준다. 그렇게 전개하다 보니 옴니버스식 이야기 구성인 이 만화가 드라마틱하지 않을 수 없다. 또한 사건 현장이 일본의 정치, 경제, 문화 전 영역이라 이 만화를 통해 일본의 과거와 현재를 읽을 수 있다.

### 전공투세대 후일담

이 만화는 그렇다고 뉴스 제작 과정만 보여주는 것은 아니다. 개성 넘치는 『Last News』 스태프들의 삶의 고뇌와 갈등, 그리고 그 해결 과정을 그려내고 있다. 사실 이런 점에서 『Last News』의 묘미가 있다. 이 만화에서 가장 빛나는 한 장면.

주인공인 히노 피디는 우연히 술집에서 대학 시절 친구를 만난다. 20년 전 대학 시절 사회주의자로서 전공투 운동을 함께 했던, 시위 도중 상처를 입은 히노 피디를 구해주다 체포돼 감옥생활을 했던 친구다. 그러나 그 친구는 히노를 외면하고 급히 자리를 피한다. 현재 3류 시사 잡지의 편집장으로 일하고 있는데, 정치인들의 스캔들이나 쑤시면서 뒷돈을 챙기는 그런 잡지에 일하고 있는 자신이 치욕스러워서이다. 그렇지만 쫓아간 히노 피디와 술자리에 마주 앉는다. 다음은 이들의 대화 내용 가운데 일부이다.

- **히노** : 과연 이 나라에 '정의'란 게 있다고 생각하나?
- **친구** : 그렇게 말하니 갑자기 학교 다니던 때가 생각나는군. 난 이제 그 세계와 별개야.
- **히노** : 요즘 이런 생각을 자주 하지. 이 나라에 아직도 주장할 무엇인가가 남아 있을까 하는. 외국에서 어떤 사건이 일어나든, 국회에서 무엇이 테마로 잡히든, 우선은 큰일이라는 제스처는 취하지만 실은 아무것도 생각하지 않는다네. 나하고 자네 사이엔 아직 뭔가 똑같은 심정의 잔재가 타고 있다는 느낌이야….
- **친구** : 모르겠어.
- **히노** : 만일 나와 자네 사이에 공유할 것이 전혀 없다면 분명 이 나라 누구노 그런 감정은 없지 않겠나.

- **친구** : 생각해보지. 그만 가야겠네
- **히노** : 가즈끼(친구 이름), 마음이 동하면 전화하게.
- **친구** : 기대 말게. 난 이미 날개 꺾인 세속인일 뿐이라구.

그 뒤 가즈끼는 히노를 찾아와 『Last News』팀과 함께 정·경·언 유착비리의 한 고리를 파헤친다. 주장할 그 무엇, 공유할 그 무엇, 필자는 이것을 공통의 의제로 해석했다. 우리 사회 86세대가 함께 추구할 그것은 무엇인가. 잊을만하면 터져나오는 86세대 정치인 비리사건보다 나는 이것이 더 의미심장했다. 일본의 전공투운동 세대의 '후일담'은 여기까지 왔고, 일본만화는 그 중심에 서 있는 것이다.

### 경찰청 출입 기자의 근성

일본만화의 특징 중 한 가지는 치밀한 취재와 구성능력이다. 은행원들이 업무를 배우기 위해 금융에 관련된 만화를 읽을 정도다. 소재 역시 다양하다. 중고차 판매원, 폭주족, 경주마 사육사, 자동차교습소 강사, 변호사, 수의사,

심지어는 NGO 활동가 이야기까지.

**특종 사건 현장**

『특종 사건현장』은 신문기자 출신인 오타니 아키히로가 스토리를 쓰고, 오시마 야스이치가 그림을 그린 신문기자 분투기. 원제는 『여기는 오사카 사회부』. 전직 신문기자가 스토리를 썼기 때문에 일본 경찰청 출입 기자의 취재양태가 잘 나타나 있다. 『Last News』가 국가 차원의 스케일 있는 사건을 주로 다뤘다면 이 만화는 살인, 유괴, 절도, 사기 등 개인과 지역 중심의 사건을 다룬다. 때문에 이 만화가 주장하는 것은 작지만 소중한 개인의 인권, 일에 대한 태도, 보도의 윤리 등에 관한 것이다.

이 만화의 주인공 타니 역시 특종을 쫓는다. 아무래도 사건 기자이니만큼 선수치는 것에 대한 긴장이 만만찮다. 이 점은 한국의 일선 경찰 기자 세계와 비슷한 모양이다. 경쟁하다 보니 치사한 싸움도 있게 되고, 수사를 방해하는 보도도 나오게 된다. 뜻하지 않게 인권을 침해하는 기사나 사제가 안 되는 경우가 있다. 그러다 담당 기자와 경찰 간의 신경전도 벌어지고, 기자와 기자 간, 형사와 기자 간, 시민과 언론 간에 갈등 관계가 형성된다.『특종 사건 현장』은 이런 갈등이 어떻게 발생하고, 해결되는지를 꽤 설득력 있게 보여준다.

대체로 이런 류의 기자 만화는 탁월한 능력을 가진 기자가 누구보다 먼저 특종을 잡는가가 주된 내용이 되겠지만 이 만화는 좋은 기자가 그러하듯, 특종 제조만을 만능으로 보지 않는다.

가령 이런 거다. 여인숙에서 초등학교 교감이 벌거벗은 채 로프에 묶여 죽어 있었다. 엽기적이라 큰 기사가 아닐 수 없다. 타니는 여러 겹의 실타래를 어렵게 헤쳐가는 취재 끝에 드디어 해답을 찾았다. 교감은 자기 목을 밧줄로 죄었다 풀었다 하는 변태적인 피학행위를 하다 로프를 너무 세게 잡아당겨 죽은 것이다. 타니의 이런 특종을, 그러나 데스크는 기사화하지 않는다. 유족을 배려하기 위해서다. 그래도 타니는 특종상을 받는다.

또 하나 꼽을 수 있는 이 만화의 장점은 모든 사건이 해결되는 게 아니라는 점이다. 모든 사건이 해결되지 않듯. 그러면서 미해결된 사건 피해자 가족의 아픔을 진하게 전해준다. 휴머니티가 살아 있으면서도 결코 동정만으로 끝나지 않는, 따뜻하면서도 재미가 있는 만화다.

국내만화 중 언론 만화는 정말 부끄럽게도 추천할 만한 게 없다.『나두야 간다』같은 만화가 저널리즘의 세계를 다루긴 했지만 언론현장과는 거리가 먼, 정말 '만화 같은' 이야기다.

제발 취재력이 확보된 스토리작가가 자리를 잡았으면 한다.

---

한국 만화에 대한 필자의 우려와 절망과는 달리 '웹툰'이라는 인터넷 시대의 새로운 만화 양식이 세계를 이끄는 장르가 되었다. 새삼 인터넷 세상이 감미롭다.

# 도박에 열중하는
# 염세주의자는 없다˙

★ **『풀하우스 1부』** 장대일 글·백철 그림, 전5권, 서울문화사
★ **『은과 금』** 후쿠모토 노부유키 글·그림, 전11권, 학산문화사
★ **『도박묵시록 카이지』** 후쿠모토 노부유키 글·그림, 전39권, 학산문화사
★ **『불패의 승부사』** 츄루키 시로우 글·지비키 카츠야 그림, 전19권, 비상21


"주사위는 던져졌다." 율리우스 카이사르가 정치적 생명을 걸고 루비콘강을 건너면서 했던 너무나 유명한 말이다. 로마법에 따라 군대가 건너서는 안 되는, 그러나 병력 없이 홀로 건너다가는 생명을 보장받지 못하는 그 결단의 순간에 카이사르는 주사위를 던졌다. 그 순간의 선택이 카이사르와 로마의 운명을 결정지었다.

그렇다. 인생은 어쩌면 도박 같은 것인지도 모른다. 반드시 갈림길이 있고, 하나를 선택해야 한다. 그리고 그 길

---

• 최용범의 만화파일 2 – 〈월간 말〉 2000년 9월호

이 어찌 될지는 아무도 모른다. 다만 사람은 선택한 길에서 최선을 다할 뿐이다. '진인사대천명盡人事待天命'은 도박에도 해당되는 말일 수도 있겠다. 그래서 도박은 인생에 대한 비유로 많이 쓰이고 있는지 모른다. '도박에 열중한 염세주의자는 없다는 것은 도박이 얼마나 인생과 흡사한가를 보여준다'는 이 말은 도박의 미학을 응축적으로 보여준다. 선택은 도전이자 도박이다.

### 제어하지 못하는 인간욕망의 어리석음

도박에는 '점당 10원' 하는 경로당의 심심파적 게임이 있는가 하면 몇십 억이 오가는 게임도 있다. 인생도 마찬가지. '자장면이냐, 짬뽕이냐' 하는 식의 일상의 작은 게임이 있는가 하면 세계사의 구도를 바꿔버리는 역사적인 게임도 있다. 결과를 예측할 수 없기 때문에 조작과 속임수가 난무하는 도박과 마찬가지로 세상에는 승리를 독점하기 위한 음모와 술수가 난무한다. 이러한 얘기는 도박을 소재로 한 갬블 만화에서도 똑같이 재현된다.

갬블 만화를 얘기하면서 장대일을 빼놓을 수 없다. 이제는 한국 도박 만화의 고전이라 부를 수 있는 허영만 만

풀하우스

화 『48+1』의 스토리를 김세영이 맡았다(물론 당시에는 그의 이름을 책에서는 찾아볼 수 없었지만). 또한 그는 세종문화회관 뒷편 광화문 골목에 실재하는 카페, '안개꽃 카페'에서 벌어지는 갖가지 인물들의 삶의 애환을 그려낸 『안개꽃 카페』의 스토리작가이기도 하다. 그는 스토리작가에 대한 대접이 시원찮은 만화 판에서 철저한 취재와 탄탄한 구성력으로 한국만화의 수준을 한 계단 올려놓은 인물이기도 하다. 그에 대한 집중적인 평가작업이 있어야 한다는 생각이 들 정도다.

『풀하우스』는 장편이 아닌 옴니버스 단편극화로 노름판을 둘러싼 비정한 승부사의 세계를 그리고 있다. 옴니버스 양식은 호흡이 긴 스토리보다는 매 편 극적인 반전을 통해 세계의 단면을 한 큐에 보여준다. 그가 그려내는 세계의 단면은 제어하지 못하는 인간욕망의 어리석음이다. 역시 도박 만화의 고전적 테마랄 수 있다. 『풀하우스』에 등장하는 다양한 인간군상은 대체로 욕망에 약하다. 가령 이런 거다. 계속 잃기만 하는 노름꾼이 전문도박사나 라인계(사기도박단)의 도움으로 돈을 딴다. 그러나 멈춰야 할 순간에 그는 계속 베팅하거나 속임수를 쓰다 '오링'(돈을 다 잃음)되거나 속임수의 대가로 손목을 잘리기도 한다.

그렇다면 욕망을 절제하는 프로는 어떨까. 그들은 욕망을 절제하는 대신 인간 아니다. 역설이다. 욕망의 화신이어야 할 인물들이 오히려 욕망의 대상 앞에선 냉혹하다. 그들은 철저하게 염세주의자이거나, 혹은 고통이 배제된, 박제화된 쾌락에 묶여 사는 인간 아닌 인간이다. 최소한 장대일 만화의 도박사들은 그렇다.

하지만 『풀하우스』가 인간사회의 메타포로서의 도박판의 맛을 깊이 있게 끌어내지 못한 아쉬움은 있다. 장대일은 이 작품의 후속으로 『폴하우스』, 2부·3부, 『죠커하우스』 등의 작품을 내놓았지만 짧은 제작 기간 탓인지 전작보다 밀도가 많이 떨어져 있다. 이는 만화의 수준이 작업 시간이나 인세, 고료 등과 밀접하게 연관되어 있음을 보여주는 것이기도 하다.

최근 출간된 허영만(그림)과 김세영(스토리)의 『타짜』 1·2권은 사실 매우 실망스러웠다. 『오! 한강』의 김세영이 아니었다. 개연성이 없는, 음습陰濕한 냉전의 분위기가 감도는 초반의 상황 설정은 정말 무리였다. 이 작품이 연재되고 있는 〈스포츠조선〉이 〈조선일보〉 계열이라는 점과 무관하지 않은 것일까.

만화가 시작되는 시점은 한국전쟁이 한창이던 무렵이다. 지리산자락 마을의 소년 김곤은 열일곱 살쯤 되는 형과 함께 산길을 가다 총 맞은 국방군 시체를 발견한다. 그들은 시체를 만지다 깜짝 놀란다. 시체가 움직였던 것이다. 그가 "물…물…"을 호소한다. 물을 마신 군인은 물을 마신 뒤 이 한마디를 하고 죽는다. "죽지 마…싸워서…이겨…!"

'헉!'이 아닐 수 없다. 어떤 원한이, 어떤 집념이 있기에 죽는 순간에 '이겨'라는 독백을 내뱉을 수 있단 말인가. 가미가제의 황군도 아닌데 말이다. 국방군이 남긴 총을 주워서 때맞춰 지나가던 멧돼지를 쏘던 형은 총소리에 놀란 인민군에게 피격당해 죽는다. 그리고 이후 노름에 빠져든 청년은 고수를 만나 기술을 익혀 도박의 아수라장에 편입해 들어간다. 이런 플롯은 허영만의 전작인 『48+1』과 흡사하다. 한국 갬블 만화가 좀더 새로운 영역을 보여주지 못하고 있음을 반증한다.

## "계속 이기는 것이 도박이야"

일본은 만화의 천국이자 잡지의 천국이다. 야쿠자의 의식 절차를 매뉴얼화한 만화가 있는가 하면 마작전문잡지도 있을 정도다.『은과 금』의 작가 후쿠모토 노부유키는 마작전문잡지에서 활동하는 작가다. 마작잡지라고 해서 마작을 다룬 만화만 있는 것은 아닌 모양이다. 후쿠모토의 만화는 경마, 미술진품 알아맞히기, 심지어는 가위바위보 게임까지 승부를 건 모든 게임을 소재로 한다. 인간과 인간 사이에 내기가 가능한 모든 게임이 그의 만화의 소재가 된다. 그가 거기서 보여주고자 하는 것은 무엇일까. 한쪽이 이기면 한쪽은 반드시 지게 되는 게임, 자본주의의 적대적 모순관계다.

은과 금

후쿠모토는『은과 금』보다 먼저 한국에 소개돼 한층 유명한 그의 대작『도박묵시록 카이지』의 등장인물 홀마스터인 리네카와의 입을 빌어 자신의 메시지를 전달한다.

**도박묵시록 카이지**

리네카와는 이렇게 말한다.

"이기면 좋겠다가 아니다. 이기지 않으면 안 돼. LA다저스의 노모, 일본 프로야구의 이치로 그들이 지금 각광을 받고 있는 것은 말할 것도 없이 오직 그들이 이겼기 때문이다. 착각하지 마라. 잘 싸웠기 때문이 아니야. 그들은 이겼다. 따라서 지금 모든 것… 인격까지 인정받고 있어. 계속 지기만 하는 인생이었다면 어떻게 됐을까? 노모는 덜떨어지는 놈, 이치로는 재수 없는 독불장군…. 뒤집어 말하면 너희들은 계속 져왔기 때문에 지금 누구에게도 사랑받지 못하고, 인생의 밑바닥을 기고 또 기고 있는 것이다…. 이기지 못하면 쓰레기…."

그렇다고 작가가 비정한 승부의 세계만을 보여주는 것은 아니다. 등장인물들은 인간으로서 반드시 지켜야 할 가치가 무엇인가에 대해 고민하기도 한다. 『도박묵시록 카이지』에선 고공에 설치된 좁은 널빤지를 건너는 게임이 등장한다. 이쪽에서 저쪽 끝으로 건너는 게임인데 건너는 것만으로 끝나는 게임이 아니다. 한정된 인원만 합격이 가능한데 내가 살기 위해서는 상대편을 지옥 밑바닥으로 추락시켜야 한다. 그러나 주인공 카이지는 이를 거부하고 함께 살 수 있는 방법을 모색한다. 극적인 반전을 통해 지옥의 게임에서 생존한 카이지는 함께 살기 위해 더 큰 게임을 벌인다. 거기에 승부는 중요하지 않다.

지하경제 거물승부사의 파트너로 선택돼 주가조작 게임, 사기극, 재벌 가문 내의 생존게임 등 적대적 관계의 극한을 보여주는『은과 금』의 주인공 모리타 역시 마찬가지. 목숨이 오가는 게임에서 살아나온 그지만 형제간에도, 부자지간에도 먹고 먹히는 아수라의 세계를 보면서 그는 조기 은퇴를 단행한다. 냉혹과 비정의 극한세계는 더 이상 인간의 세계가 아니기 때문이다.

이들 작품 외에도 본격 갬블러 만화는 아니지만 만화의 재미를 보여주는 작품으로 츄루키 시로우가 스토리를 쓰고 지비키 카츠야가 그림을 그린『불패의 승부사』가 있다. 단 2명의 조직원, 일본에서 가장 작은 도박조직인 오기7 패밀리가 벌이는 노박게임을 그리고 있다. 야쿠자

**불패의 승부사**

만화로 볼 수도 있지만 주인공 온부야가 벌이는, 제목 그대로의 '불패의 승부'가 매회 펼쳐진다. 온부야의 도박관은 특이하다. 그는 이렇게 말한다. "이기거나 지거나 하는 건 도박이라고 할 수 없다. 그건 단지 놀이일 뿐이다. 계속 이기는 것이 도박이다."

온부야는 아무리 불리한 내기라도 절대 지질 않는다. 심지어 공식전에서 1승도 올리지 못한 복싱 선수와 전승을 모두 KO로 장식한 선수의 대결에서도 전패의 선수에 걸어 이긴다. 어떻게? 속임수를 써서 이긴다. 승부 조작이다. 그러나 그 승부 조작이라는 것이 절대적인 힘과 정보의 우위에서 나온 조작이 아닌, 절대 열세의 상황에서 예상을 뛰어넘는 묘수를 통해 이뤄진다. 온부야의 이런 승부는 다양한 성격의 인물과 사건 속에서 이뤄지며 그 안에 인생과 세상에 대한 작가의 발언이 숨어 있다.

# 너희가 백수의 백일몽을
# 아느냐˙

★ 『**프로백수 보더**』 카리부 말리 글·아키오 타나카 그림, 전8권, 닉스미디어
★ 『**매일 서는 남자**』 신인철 글·그림, 전6권, 서울문화사

20대와 30대의 차이는? 나는 그것을 이메일 아이디에서 찾기도 한다. 대체로 30대는 자신의 아이디에 일반명사를 사용한다. 20대는 poet라든가, fantasy 하는 식으로 자신의 아이디에 의미를 부여한다. 그런데 가끔은 노땅들 가운데도 독특한 아이디를 쓰는 사람을 볼 수 있다.

예전 출판사에서 일할 때 만났던 삼성쪽 홍보관계자의 아이디가 그랬다. 그 양반의 아이디는 'baeksoo@…'였다. 백수라. 대기업의 홍보실에 근무하던 양반의 아이디가 백

---

● 치읓번외 만회피일 5 - 〈월간 말〉 2000년 12월호

수라 재미있었다. 쳇바퀴처럼 돌고, 톱니바퀴의 이빨 하나에 불과한 자신으로부터 탈출하고 싶었을 거고 그 탈출의 욕망을 암시하는 기호가 바로 '백수'라는 아이디였을 것이다.

그래서인가. 백수란 아이디가 그리 이상하게만은 느껴지지 않고, 오히려 유쾌하게 들렸다. 이 양반만이 아니더라도 많은 직장인들은 실업의 고통에 시달리는 한편으로는 백수로 향한 백일몽을 은근히 꿈꾸는 것 같다. 농담삼아 하는 말이겠지만, 자신의 꿈이 마누라가 하는 약국의 셔터맨이고, 그 약국 한 켠에 담배가게를 차리겠다는 소망을 피력하는 사람을 심심찮게 볼 수 있다. 부인이 전문직이 아니더라도, 자신은 가사를 돌보며 부인을 직장까지 출퇴근시켜주는 셔틀맨(셔틀버스의 그 '셔틀')을 꿈꾼다고까지 한다. 물론 객쩍은 소리가 대부분이다. 하지만 자본·임노동관계 안에 정주하는 샐러리맨 생활에 편입되더라도 일상의 굴레에 갇힌다는 불만이 없을 수 없다. 그러나 그 관계를 벗어난 생활은 불안의 연속이다. 그 불만과 불안 사이를 오가는 것이 우리 시대 소시민의 자화상이다.

## 경계선 밖의 사람들

동네 비디오 가게에서 빌려볼 것이 없는 사람은 십중팔구 백수라는 말이 있다. 백수의 벗인 만화는 백수를 어떻게 그리고 있는가. 만화 중에 백수의 세계를 정면에서 다루는 만화는 사실 많지 않다. 있다 하더라도 백수건달의 표피적인 현상만 그리는데 그친 것이 대부분이다. 그러나 지금 소개하는 『프로백수 보더』와 『매일 서는 남자』는 주류사회에 편입되길 거부하는, 혹은 거부당한 백수의 세계를 정면에서 응시하고 있다.

『군계軍鷄』의 작가 아키오 타나카가 그린 『프로백수 보더』는 '경계선 밖의 사람'이란 표제에 걸맞게 주류사회로의 편입을 거부하고 세상 밖을 떠도는 인물들이 사회의 안과 밖을 오가며 사는 이야기다. 다 무너져 내리는 동경 슬럼가의 아파트 한 칸을 얻어 사는 구보타와 그 아파트의 폐기 처분된 공동화장실에 월세 3,000엔 내고 사는 하지스카가 수인공이다.

프로백수 보더

이 둘이 세상 속에 뒤엉켜 들어가 겪는 일이 『프로백수 보더』의 주된 내용. 통상의 일본 극화가 뚜렷한 스토리라인을 갖는 데 반해 이 만화는 줄거리랄 것도 없다. 사실 우리 삶이란 것도 어떤 극적인 전개 과정을 갖는 것은 아니지 않은가.

특이하게도 두 주인공의 전직이 무엇인지가 완결권인 8권에 이르기까지 소개가 되질 않는다. 그저 세상 안에 편입되길 끔찍하게 두려워하는 이들의 하루하루가 그려려 있을 따름이다. 두 사람이 만난 것은 중동의 사막지대다. 인도와 중동사막 지대를 배낭여행하다 만났다는 인연은 그리 간단치 않은 것 같다.

주동인물이라 할 하치스카는 경제적 능력이 그나마 나은 구보타와 그 옆방의 삼수생 기무라에게 빈대붙어 살며, 근로 의욕이라곤 눈꼽만큼도 없는 인물로 진지한 말이라곤 한마디도 하지 않는 사나이. 딱 한 번 자신의 과거를 말하기는 한다. 그가 서른 살이 되던 해 떠났던 여행에 대해.

"사막이 보고 싶었다. 어쨌든 이런 (더러운) 성격에 사회에서 삼십 년이나 사는 동안에 여러 가지 일을 해봤어. 사

방팔방 막히기만 하고…. 이것도 저것도 되는 게 없고 말야. 어릴 적 봤던 영화 〈아라비아의 로렌스〉가 기억나더라구. 아무래도 좋았다. 우선 감동에 굶주렸다. 이름도 모르는 노란꽃이 어우러진 골짜기에 주먹만 한 우박이 떨어지고 하늘에는 일곱 색의 무지개가…!! 장엄이란… 이 풍경을 표현하기 위해 있는 말이라고 생각했다."

삼수생 기무라는 자못 멋있는 이런 회상에 감동받는다. 그리고 묻는다. "다시 태어나셨습니까?"

그러자 역시 '고수' 백수의 예기치 못한 답변. "…이라 생각했는데, 안된 일이지만 인간은 그런 식으로 만들어지지 않아. 여행이 끝나자 남는 건 긴 여행에 파김치가 된 몸뚱아리뿐이야."

그리고 얘기는 여기서 끝난다. 그 이상의 의미부여는 없다. 다시 시시껄렁한 여자 얘기를 지껄이거나, 어디서 빈대 붙을 궁리만 하며 방바닥을 뒹군다. 그뿐이다. 세상사에 대한 욕망과 의지의 지극한 결핍. 그 절망은 어디서 오는 것일까. 그 해답은 역시 전공투세대가 꿈꾸던 혁명이 좌절되었던 경험이었다. 10여 년 전쯤 록카페를 운영하며 하치스카를 알았던 가미노에 대한 회상이 그것이다.

하치스카 일행은 동경 어느 개천 변에서 가미노를 만났고, 이들은 며칠 어울리며 같이 지낸다. 그러다 공사장에서 밥벌이를 잠시 하지만 부랑자의 체력으로 버티지 못한 가미노는 쓰러지고, 그러다 갑자기 가미노는 자기 집안의 별장으로 가자고 한다. 가미노는 사실 대재벌가의 아들이었다. 그가 정상인의 세계로 복귀한 이유를 떠듬떠듬 말한다.

"낮에 공사현장의 사고… 머리를 맞았을 땐 뭔가 쓰윽하고 얹혔던 게 내려가는 기분이었다구! 내 자신의 입으로 말하기는 뭐하지만 나란 사람, 어렸을 적 특출나게 명석한 두뇌와 센스를 가지고 살아왔다구. 술이나 약에 빠져서 탕진할 수밖에 없었지(이 진술의 배경그림으로 전공투의 데모광경이 그려진다). 15년인가… 결국 약도 끊어지고 나의 여행도 끝이 나고 말았지…".

서른 중반을 훌쩍 넘기고도 세상에 자리잡기를 거부하는 전공투세대의 좌절감이 드러난 만화다. '단카이團塊 세대'라 불리는 일본 전공투 세대의 자의식의 한 갈래는 여전히 메이저만화의 작법과 내용을 거부하면서 '청춘의 영원한 방황'을 그리고 있다.


### 주변부 리얼리즘

"도대체 무슨 말이에요? 헤어진다니…?! 당신도 절 사랑하고 있잖아요."

늘씬하고 예쁜 여자가 남자에게 절규한다. 남자는 처절하고도 무겁게 깔린 목소리로 답한다.

"난 혜연일 행복하게 해줄 수 없어…. 내겐… 고생하시는 부모님을 모시는 일이 우선이야."

여자는 간절히 애원한다.

"당신과 함께라면 전 어떤 일이든 감수할 수 있어요. 아직도 절 사랑한다면 예전처럼 안아주세요…."

남자. "넌 정말 바보 같은 여자야…."

그리고 격렬하게 포옹한다.

"통수 씨!" "혜연—!"

그러다 조금 이상한 대목이 이어진다.

남자. "이해할 수 없어. 넌 최고 인기배우에다 수퍼모델, 톱가수, 게다가 수영과 리듬체조 분야에서 금메달까지 딴 스포츠 스타이기도 한데… 우리나라뿐 아니라 전세계 남자들의 우상인 네가. 왜 아무것도 가진 것 없는 날 좋아하는 거지?"

여자. "지나친 겸손이에요…. 통수 씨는 잘 생기고…. 고시까지 패스할 사람이잖아요!"

수퍼모델에 수영과 리듬체조 금메달리스트. 잘 생기고 고시까지 패스. 왠지 이상하다. 역시 꿈이었다. 주인공이 꿈에서 깨어나자마자 현실은 아버지의 울화통 터지는 목소리. "집구석 참 아슬아슬하게 돌아간다! 에미는 파출부로 에비는 막노동으로 힘든 판에 글자가 눈에 들어와?! 그 나이에 책보따리 끼고 방구석이나 긁겠다니…, 박수 받겠다!"

『매일 서는 남자』는 이렇게 시작된다. 시작부터 웃지 않을 수 없다. 주인공 강통수 27세. 대학을 졸업한 뒤 고시 공부를 한다고는 하나 실상은 무망한 고시생. 집안에 철저히 기생하는 동네 백수.

신인철이 그린 『매일 서는 남자』는 매일같이 욕망의 발기 속에 살지만, 그것을 실현하기에는 힘이 부치는 우리 시대 주변부 인생의 이야기를 정말 웃기면서도 실감나게 그리고 있다. 『프로백수 보더』가 60년대 일본 전공투세대의 상흔을 드러낸 만화라면 이 만화는 주류사회에 거부당하고 살아가는 우리 시대 주변인의 일상을 해학적으로 그리고 있다. 얼핏 보면 소시민의 헛된 백일몽에 대한 들추기와 조롱 같지만, 이 만화에는 약하고 소심하고, 때론 비겁하지만, 그래

**매일 서는 남자**

도 인간다움을 간직하고자 하는 작가의 따뜻한 시선이 숨겨져 있다.

이 만화의 주요 등장인물 중 사회에 명함을 내밀 만한 사람은 하나도 없다. 강통수를 비롯, 그의 룸메이트가 된 남자미용사 뷰티는 고아원 출신으로 유한부인이나 미용실 주인의 성적 노리개다. 그의 표현으로는 그가 원해서 섹스를 해본 적이 없다. 욕망이 거세된 종마種馬다. 통수가 세 들어 사는 집의 아래층 남자는 등처가로 집에서 살림하며 부인의 지배하에 산다. 게다가 밤일도 시원찮아 남편으로서의 대접이 영 말이 아니다. 통수네 동네 후배들 역시 백수긴 마찬가지. 딱 한 명, 조금 뺀질거리는 후배가

중소기업의 말단직원으로 그나마 힘주고 산다. 그러나 그는 강통수의 영원한 밥이다.

이들은 술 한 잔 내면서도 주머니 눈치를 봐야 하거나, 당구 게임비 물리기로 사생결단하는 사이다. 당연히 세상에 주눅 들어 살거나, 괜한 객기 한번 부리다 옴팡 뒤집어쓰는, 힘 한 번 제대로 쓸 수 없는 이들이다. 『매일 서는 남자』는 이들이 세상과 맞부딪치며 겪는 에피소드가 한 편씩 연결된 옴니버스식 구성을 택하고 있는데, 제법 단편으로서의 완결성을 잘 갖추고 있다. 마치 70년대의 리얼리즘 소설을 보는 느낌을 주면서도, 극적 반전의 재미와 코믹한 상황 전개로 만화적 재미가 쏠쏠하다.

『매일 서는 남자』의 주인공 통수의 백일몽

『매일 서는 남자』는 백일몽 같은, 여자와 돈과 출세에 대한 가망 없는 욕망이 드러나지만, 그것이 결코 만화 속 이야기로 그치지 않는다. 우리 안에 도사린 인간적 나약함, 비겁함, 객기 같은 것들은 스스로 감추고 있을 뿐, 결코 없다고는 말할 수 없는 것이기 때문이다. 그렇기에 나는 이 만화를 보면서 눈물이 나올 만큼 웃으면서도, 한편으로 다 읽고 난 뒤에는 어떤 앙금 같은 것이 가슴 한 켠에 자리 잡는 것을 느낀다.

# 매춘부와 형사 사이에
# 영원한 사랑은 가능할까

★ 『**토끼가 달린다**』 코이케 카즈오 글·히로카네 켄지 그림, 전3권, 대원
★ 『**SDPS**』 김민기 글·황재모 그림, 전7권, 서울문화사

## 당신은 사랑을 믿는가

사랑의 영원성을 믿는가. 나는 믿지 않는다. 좋아하는 여자의 마음만 사로잡으면 세상 모든 것이 내 것이 될 것이라고 철석같이 믿었던 20대가 있었다. 그럴 땐 여자가 신神처럼 보였다. 그러나 몇 번의 연애에서 파탄을 겪고 서른을 훌쩍 넘긴 지금에 와서 사랑이란 결국 수컷의 어떤 충동 섞인 흥분상태에 불과한 것이라고 생각하게 되었다. 여자는 단지 여자로만 보인다.

---

• 최용범의 만화파일 6 – 〈월간 말〉 2001년 1월호

어쨌든 "사랑의 열병도 30개월 정도만 지나면 일상적인 감정상태로 돌아온다"는 한 심리학자 연구보고는 사랑의 영원성이 불가능하다는 판정이 아니고 무엇인가. "남녀관계에 사랑이 개입되면, 쌍방 모두 상대방에게 속는 상호 '봉'이 되는 것"이라고 일갈한 연애의 대가 카사노바의 통찰은 얼마나 반짝이는가. 그런데 이렇게 '똑똑하게 삐뚤어진' 나도 사랑을 다룬 만화를 볼 때면, 특히나 사랑을 최고의 가치로 여기는 만화를 볼 때면 자못 감동한다.

## "당신을 처음 본 순간, 토끼가 내 가슴속을 내달렸어"

할리우드에서도 영화화된 『크라잉 프리맨』의 원작자로 일본 최고의 이야기꾼이랄 수 있는 코이케 카주오가 스토리를 맡고, 『시마과장』의 작가 히로카네 켄지가 그린 『토끼가 달린다』는 정말 죽이는 사랑 만화다. 『토끼가 달린다』는 운명적인 사

토끼가 달린다

랑을 그리고 있다. 당신이 한적한 시간에 사랑이란 격렬한 감정을 한 번쯤 체험해보고 싶다면 이 만화를 보라. 딱 세 권이니 두 시간 동안은 한 남녀의 격정적이고도 험한 사랑의 과정 속에 몰입하게 될 것이다.

어느 날 독신의 신참 형사 이소 우이치로는 술집에서 무척이나 매혹적인 눈가면을 쓴 여자의 유혹을 받는다. 그리고 이 여자의 방에서 관계를 갖는다. 한 차례의 정사를 끝낸 후 우이치로는 그녀에게 받았던 느낌을 이렇게 말한다.

"당신의 가면을 벗겼을 때, 토끼가 내 가슴속을 내달렸어. 바람이 불 때 아시타카 산에 올라가서 바다를 내려다보면 흰 파도가 토끼처럼 보이지, 바다 위를 마치 수천수만 마리의 토끼가 달리는 것처럼…. 우리 고향에선 파도가 치는 걸 토끼가 달린다고 해. 당신을 처음 봤을 때 내 가슴에 파도가 쳤다는 것을 말하고 싶은 거야…."

그러나 세상에 공짜는 없는 것인가. 갑자기 엽총을 든 남자가 들이닥친다. "이 자식 잘도 내 여자를…!" 하며 총을 겨누는 그 남자를 여자는 우이치로의 권총으로 쏴서 죽인다. 순식간에 벌어진 일이다. 죽은 남자는 포주이자 여자의 기둥서방. 남자의 가혹행위에 지친 여자가 형사의 힘을 빌어 그를 구속시키려다 벌어진 우발적인 사건이었다. 어떻게 할 것인가. 우이치로의 연락을 받고 달려온 선배 형사는 이 남녀에게 결혼하라고 한다. 둘이 결혼을 약속하고 사랑하는 사이라면 이 사건은 '긴급피난'이 적용돼 둘 다 법망을 피해갈 수 있다는 것. 스무 살 때 결혼해 이혼하고 임신중절 경험이 있는 여자. 짧은 연기 생활 뒤에 매춘으로 생활을 했던 여자와 결혼해 인생을 보낼 수 있을 것인가. 남자는 결국 주어진 운명을 받아들이기로 결심한다. 그가 결혼을 선택하지 않는다면, 연인관계를 증명하지 않는다면 여자는 계획적 살인이 되어 실형을 선고받지 않겠는가.

"난 아시타카 산에 올라갔었소. 내려다보이는 바다에는 토끼가 달리고 있었지. 토끼는 쉴새없이 달리고 있었소. 저녁이 되어도, 밤이 되어도…. 바람이 그치기 전엔 멈추지 못하지. 그런 토끼들을 보면서 나도 생각했소. 운명이라는 바람에 거역하지 말고 나도 토끼가 되어서 달리자고. 당신과 함께…, 당신만 괜찮다면…."

『토끼가 달린다』는 이 작품의 제목은, 쉴 새 없이 계속해서 똑같은 걸 반복하는 '괴로운' 파도의 운명을 선택하는 남자의 심정을 보여주고 있다. 그러나 여자는 쉽사리 남자의 호의를 받아들이지 않는다. 지쳐 있는 여자에겐 공존의 길조차도 괴로운 것이다. 자꾸만 삐딱해지는 여자에게 남자는 진심을 토로한다.

"생각해봐! 결혼하든, 결혼하지 않든 우리들의 인생은 서로의 존재를 떠나서는 이루어질 수 없어. 헤어지게 되면 더 깊은 상처가 되어 남게 될걸? 결혼하면 그 상처를 서로 어루만져줄 수 있잖아!"

이래도 감동하지 않을 여자가 있을까. 둘은 포옹한다. 작가는 포옹의 순간을 이렇게 묘사한다. "지금 두 사람의 가슴속을 수천, 수만 마리의 토끼가 달리고 있다. 파도치고 있다. 사랑의 시작이었다."

이런 사랑의 감정이 있은 뒤 여자는 어떻게 했을까. 여자는 법정에서 오히려 빈틈없는 정황논리를 제시하며 계획적 살인이었고, 형사를 이용했을 뿐이라고 진술한다. 남자의 앞길을 생각했기 때문이었다. '사랑하기 때문에 떠난다'는 노랫가사 그대로다.

### "과거에 신경쓰지 않고 살 수 있게 해야"

4년의 실형이 떨어진 여자. 그녀와의 결혼을 생각하며 사표를 냈던 남자는 결심한다. 기다린다. 그리고 다시 경찰관 시험을 봐서 그녀가 출옥하면 다시 형사가 되겠다고 한다. 공사장에서 아르바이트를 하며 시험공부를 하는 남자. 여자가 4년간 감옥에 있는 동안 남자는 당연히 면회를 가지만 여자는 단 한 번도 응하지 않는다. 영치물조차 거부한다. 이 남자의 호의를 받아들이기에는 자신이 너무 부족하다고 생각하기 때문이다. 사랑하기 때문에 감옥 안에서도 미용실을 가며 화장을 하는 여자지만 끝내 그 사랑을 받아들이지 않는 여자.

이 둘이 어떻게 다시 결합할 수 있을까. 이 만화의 2, 3권에는 휴머니즘으로 가득한 에피소드가 몇 개 있는데, 딱 하나만 소개하기로 한다. 가방을 바꿔치는 어느 노인을 만나면서 남자는 여자와 결합할 수 있는 길을 찾는다.

남자는 기차 안에서 가방을 바꿔쳐서 가지고 가는 노인을 뒤따라간다. 형사다운 정의감 때문이다. 우이치로는 어찌하다 노인의 집까지 쫓아간다. 노인은 일본의 명문가 출신의 엘리트로 장관에, 정계 파벌의 영수까지 지낸 거물이었다. 이 노인은 수백 개가 넘는 가방을 수집하고 있는데, 여행 때마다 가방을 달리 가져가며 비슷해 보이는 가방과 바꿔쳐 오는 묘한 취미를 가지고 있다. 물론 가져온 가방의 내용물을 확인하고 주인에게 돌려준다. 명문가에서 태어나 주어진 엘리트 길을 갔던 자신의 인생이 너무도 공허하다는 회한 때문에 생긴 기벽이다. 남의 가방 속에 담겨진 인생을 엿보며 진정한 행복이 무엇인가를 찾고 싶어 하는 노인. 이 노정객에게 자신의 이야기를 들려주는 남자. 노인은 감동하지만 우이치로가 옹고집을 부리고 있다고 일갈한다. 인생을 향유하는 방법이 잘못됐다고 말이다. 이 노인의 말을 들어보자.

- "자넨 뭘 위해서 시험을 보려고 하고 있는가. 그 여자를 행복하게 해주기 위해서인가, 그렇지 않으면 자네 자신을 위해선가."

"저희들 두 사람의… 행복을 위해서…."

- "그 여자가 자네에게 와서 행복하지 않다면 행복은 없는 걸 텐데?"

"그렇…습니다."
- "자네가 경찰 시험에 집착하는 한 그녀에게 행복이란 없고, 자네도 행복해질 수 없다네. 과거를 감추지 않고 태연히 살 수 있는 세계에 몸을 두는 것이 자네들이 행복하게 살 수 있는 길이야. 자네가 경찰 간부가 되어 출세하면 할수록 그녀는 더욱 몸둘 곳이 없어지지. 자네 얘기에 따르면 그년 자넬 위해서 희생을 감수했다지 않은가. 또다시 같은 실수를 반복할 생각인가? 자네가 지금 해야 할 것은 그녀가 과거를 신경쓰지 않고 살 수 있는 장소를 만드는 것이네. 그녀가 돌아올 수 있는 장소를…. 좀 더 자유롭고 느긋하게 두 사람의 행복을 향유하며 살도록 하게."

남자는 그 노인의 충고를 인정하고 고민 끝에 결론을 내린다. "난 혼자 달리려고만 생각했어! 내가 달리면 당신도 따라올 줄 알고…. 당신을 격려하며, 때로는 당신에게 의지하며 달려야 한다는 것을…."
우이치로는 시험준비를 때려치우고 과일장사를 시작한다. 그리고 여자도 출옥한다. 딱 한 번 남자의 방만 쳐다보고 가려다 근처에서 과일장사를 하는 남자와 만난다.

자연스럽게 부부가 되어 장사하는 남녀.

## 사랑의 영원성과 힘

그런데 매춘부 생활을 했던 여자와 안정적인 부부생활이 가능할까. 작가는 끝까지 독자를 쉬게 하지 않는 것 같다. 빈틈이 없다. 이 작품의 대미를 이루는 부분은 이 부부가 고향으로 기차를 타고 가다 만난, 여자가 매춘부 시절에 '거래'했던, 불량기 가득한 두 남자가 여자에게 시비를 거는 장면에서 시작된다. "끝내주는 여자였잖아. 지금부턴 우리와 노는 게 어때? 값은 두 배로 쳐줄게" 하며 희롱하는 두 남자에게 우이치로는 당당하게 말한다. "당신의 주소와 이름을… 청첩장을 보내드리도록 하죠. 결혼선물은 돈이든 물건이든 아무 거라도 괜찮으니…." 떠들썩한 두 남자의 시비 때문에 이 일을 지켜보던 승객들이 일제히 박수를 치면서 막은 내린다.

히로카네 켄지의 초기작인 이 만화는 『시마과장』에서 보여주는 세련된 그림체와는 달리 조금은 엉성해 보이는 데생이지만 연출력만은 정말 탁월하다. 스토리 작가의 원작도 훌륭하다.

주인공의 심리 묘사를 그림으로 표현해내는 것은 쉬운 일이 아닌데, 만화가는 등장인물의 내면을 그림 속에서 실감나게 그려내고 있다. 역시 히로카네 켄지란 말이 나오지 않을 수 없다.

사랑이란 그 격렬한 감정은 삶의 다기한 조건 속에서 엄청나게 많은 스펙트럼을 보여준다. 그래서 그 많은 소설과 만화, 영화 같은 서사물은 끊임없이 사람의 이야기를 퍼올리고, 시와 노래는 그 고양된 감정의 순간을 수천 편으로 뿜어내지 않았는가. 앞으로도 계속 그럴 것이다. 『토끼가 달린다』는 사랑의 영원성과 힘을 보여주는 작품이다.

그러나 그 반대편에서 사람의 리얼리즘을, 싸늘한 현실의 냉혹함을 그려낸 만화들이 적지 않다. 80년대의 대작 『공포의 외인구단』과 한국만화 속에 잊혀지지 않을 캐릭터인 구영탄을 탄생시킨 '불청객 시리즈'의 스토리 작가인 김민기가 글을 쓰고, 한국만화대상을 수상했던 황재모가 그린 『SDPS』

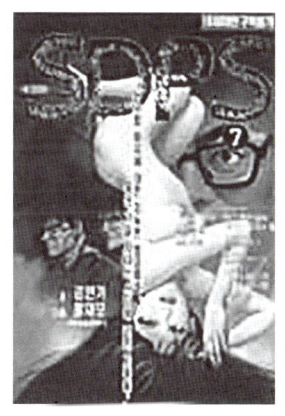

SDPS

(선담패설의 이니셜)은 그 대표적 만화다. 한국 성인만화의 기둥이라 할 만한 이들의 『SDPS』는 8편의 중단편이 이어진 만화집으로 만만치 않은 재미와 함께 현실 속의 사랑이란 무엇인지를 냉정한 시선으로 그리고 있다. 이 작품 역시 선택하면 절대 후회하지 않을 것이다. 자세한 소개는 다음 기회에 이들 콤비의 다른 작품과 함께할 것을 약속드린다.

# 우리 시대의 '불륜' 들여다보기·

★ **『행복한 시간』** 쿠니토모 야스유키 글·그림, 전19권, 다이나믹프로

사실 에로나 포르노물만큼 보기는 쉽지만 가이드로 쓰기에 적당하지 않은 만화도 없다. 먹고, 자고, 섹스하는 것을 해석하고 뭐라고 말하기는 사실 쉽지 않은 일이지 않은가.

그래도 이전에 봤던 만화들을 뒤적여봤다. 예상했던 대로였다. 만화방이나 대여점에 성인용으로 분류된 만화 중 섹스 장면을 부각시켜 놓은 만화는 쉽게 찾아볼 수 있다. 특히 검열이 극심하다는 한국만화 판에서도 섹스 장면만

• 최용범의 만화파일 7 – 〈월간 말〉 2001년 2월호

을 집중적으로 집어넣은 작품도 적지 않다.『여자 금지 구역』이니『이웃집 여자』니 하는, 제목만으로도 알 수 있는 만화가 100종 넘게 나와 있다. 그러나 그 숱한 만화 중 진정으로 '욕구'를 불러일으키는 만화를 찾기는 쉽지 않다. 벗기고, 하고, 대충 여자의 가슴과 성기 부근을 확대해놓은 데서 어떤 '욕구'를 느끼겠는가. 그럴 바엔 차라리 인터넷에 올려진 포르노 만화를 보는 게 낫다.

## 불륜과 타인의 시선

그러던 중 지금 소개하고자 하는『행복한 시간』을 다시금 보게 되었다. 만화방에서 이 만화를 뒤적여본 사람은 알겠지만, 생생한 섹스 묘사로 뒤통수가 근질거려지는 만화다. 이 정도면 에로 만화라 해도 무방할 것 같다. 그런데 이 만화는 5, 6권쯤에 가서 굉장히 섬뜩한 기분이 들기도 해서 끝까지 보지

행복한 시간

는 못했다.

사실 『행복한 시간』은 섹스를 본격적으로 다룬 만화가 아니다. 성적 욕망, 그 자체보다는 불륜관계에 포커스를 맞추면서 가족제도, 혹은 허위에 가득 찬 부부 상황의 파멸을 다루고 있는 만화다. 그런 만큼 이 작품은 지금, 우리 사회의 일부일처제 혹은 가족제도를 진지하게 탐구하고 있다. 우리 시대 '안온한 가정'과 '부부간의 영원한 사랑'이란 것이 얼마나 허물어지기 쉬운 토대 위에 서 있는지를 정면에서 직시한다. '직시하는 것'은 두려운 일이다. 그것이 우리 의식이 가리고 싶은 무의식 저편의 욕망이라면 더욱 끔찍하지 않겠는가.

『행복한 시간』은 27년간 안온한 가정생활을 누려온 가족이 불륜을 통해 그 행복의 시간들이 파괴되는 과정을 그리고 있다. 42세로 대형 건설업체의 차장으로 근무하며 일과 가정밖에는 몰랐던 주인공 타쓰히코가 우연히 20대 직장여성과 만나 한편으론 성애의 쾌락을, 다른 한 편으론 그 대가로 파멸해 나가는 과정을 실감 나게 그리고 있다. 그 불륜의 정은 단순하게 끝나지 않는다. 불륜은 혼외 파트너가 있어서 불륜인 게 아니다. 배우자가 있기에 불륜이다. 한순간의 바람처럼 시나가는 것이 아니다. 한편의 무관심, 평소와는 다른 퇴근 시간, 그리고 그것을 변명하기 위해 갖다 붙이는 숱한 거짓말들…. 이런 불륜의 흔적을, 장면을 보게 된 배우자는 배신감을 느끼지 않을 수 없다. 신뢰가 깨진 가정은 어떤가. 통상 여자의 불륜은 '흐트러진 부엌'으로 상징된다. 남자의 불륜은 여자에게 공허함과 절망을 준다. 그리고 여자 역시 유혹을 느끼지 않을 수 없다. 불륜의 연쇄.

『행복의 시간』은 주인공 타쓰히코가 벌이는 불륜 말고도 다른 부부들이 벌이는 불륜의 모습들이 그려진다. 그러나 세상 사람들이 저마다 다르듯, 그 불륜 관계에 대한 사람들의 태도는 다양한 모습으로 변주된다.

주인공에게 정부 요코와의 관계는 숨겨야 할 관계다. 쾌락은 좋지만 직장에서의 출세와 가정의 평화를 위해서라면 언제든 버릴 수 있는 관계다. 그러나 어떤 애인이 그것을 쉽게 용납하겠는가. 더구나 아버지 콤플렉스가 있으면서 유부남을 사랑하는 여인 요코는 남자에게 강한 집착을 보인다. 버리고 싶지만 떨치기는 너무 힘든 이 관계 속에서 타쓰히코는 부인에게 진실을 말하지 못하고 숨기기에 급급하다. 언젠가 빠져나오기만 하면 된다, 이것이 그의 생각이다.

다니던 원예학원의 강사에게 강간당한 뒤 이 사실이 드러날까 두려워하는 부인이 "무슨 일이 있어도 나를 지켜 줄 거죠?"라고 물었을 때 타쓰히코의 말.

"우린 부부요. 내가 당신을 지키는 건 당연한 일이고. 걱정하지 마. 난 당신을 진심으로 믿고 있으니까. 단지 하나, 님에게 의심받을 그런 짓만은 하지 마. 자기 자식에게 의심받는다는 건 남들에게 더욱 그렇게 보일 수 있다는 얘기야. 나쁜 소문 같은 건 당신을 위해서도 우리 모두를 위해서도 좋지가 않으니까."

상대의 감정이 아니라 다른 사람의 시선을 의식하는 타쓰히코. 이런 거짓의 감정이 그를 거짓의 나락에서 헤어나오지 못하게 하는 것이다.

### '바람 피우기'의 다양한 변주

그렇다면 '가족은 서로 믿고 아껴주면서 생활해야 한다'고 믿는 부인 도모코에게 불륜이란 무엇일까. 그녀 역시 타인의 시선이 가장 두렵다. 부모가 전혀 사랑하지 않는다면 차라리 바람이라도 피우는 게 낫지 않겠냐는 당돌한 딸의 말에 부인은 이렇게 말한다. "넌 쉽게 말하지만, 만약 엄마가 그런 짓을 해서 집을 나가기라도 한다면 고통스런 일이 될 거야. 집안일도 그렇고, 주위의 눈도 그렇고."

그러나 부인 역시 바람을 피우게 된다. 애인과 바람피우랴, 직장에서는 출세 가도를 달리느라 바쁘고, 그녀에게 마음을 버린 남편과 함께 살면서 어찌 딴생각이 나지 않겠는가. 그녀는 두 번의 바람을 피운다. '홧김에 서방질'이라고 외로운 마음을 추스르기 위해 바닷가에 나갔다 만난 어떤 오쟁이 진 남자와의 하룻밤 정사, 그리고 같은 동네에 살고 있었던, 그녀의 첫사랑 고등학교 동창생과의 불륜.

주변에서 쉽게 보는, 바람피운 남자를 둔 여자의 또 다른 불륜이다. 그런 불륜관계를 맺은 첫사랑의 남자 야스다는 어떤 마음으로 그녀를 만나는가.

"얌체 같은 소릴 한다고 생각할지 모르지만 너와 처음 재회했을 때, 내 마음속의 퍼즐에 빠져 있었던 마지막 한 조각을 겨우 찾아서 딱 맞춰 끼운 그런 느낌이었다. 분명히 우리 가정은 원만해. 하지만 뭔가가 부족하다고 줄곧 생각해왔다. 도저히 채워지지 않는 뭔가가. 그 뭔가를 네

게서 찾아낸 거다! 너와의 편안한 대화, 함께 있으면 느끼는 푸근함 그리고 섹스."

이런 야스다는 일상의 심심함을 달래줄 '금지된 쾌락'으로써 그녀를 즐길 뿐이다. 그렇기 때문에 도모코가 가정을 떠난다고 할 때 두려움을 느끼며, 결혼생활을 유지할 것을 권한다. 야스다는 한편으로 원만한 가정을 유지하면서 극장에서, 숲에서, 러브호텔에서 불륜의 섹스에 탐닉한다. 이런 행위를 타쓰히코에게 들켰을 때 야스다는 도모코를 결코 지키지 않는다, 분란을 피해 도망갈 뿐이다. 우리 주변에서 이런 남자들은 흔하다.

이와는 대조적으로 도모코가 만난 오쟁이 진, 바닷가의 남자는 사뭇 진지한 태도를 보인다. 도모코가 아닌 그의 부인에게. 그의 부인은 몰래 불륜을 저질렀다. 상처받은 마음을 달래러 혼자 바닷가에 나왔다 그를 만난 호모코는 동병상련을 느끼지 않을 수 없다. 그리고 '감정'이 오간다. 하룻밤의 격렬한 정사. 그 뒤 발가벗고 누운 남녀가 있는 방에 벨이 울린다. 남자의 부인이 찾아온 것이다. 잘못을 빌고, 용서를 구하는 부인의 목소리가 들린다. 문은 잠겨있다.

모르는 척만 하면 된다. 그러나 남자는 벗은 채로 열어준다. 물론 침대에는 도모코가 벗은 채로 있다. 남자의 아내는 뺨을 때리고 "나쁜 놈" 하며 뛰쳐나간다. 아내에게 순순히 문을 열어준 것은 오쟁이 진 남편의 복수였을까. 그러나 남자의 마음은 그것이 아니었다.

"숨기고 싶지 않았습니다. 아내를 사랑하고 있으니까. 숨겨서 잘됐다 하여도 그건 내가 아내를 속인 것밖에는 안 되니까요. 그건 아내가 내게 한 것과 다를 게 없게 되는 거죠. 서로 속이며 연극하듯이…. 난 그런 생활을 되찾고 싶은 게 아닙니다. 내가 아내의 실수를 용서할 마음이 든 것처럼 아내도 날 용서할 수 있을 건지 확인하고 싶었어요. 그건 그녀가 날 정말로 필요로 하고 있는가 하는 문제니까요. 내기를 걸어보고 싶습니다. 아내의 마음에, 서로 속이는 게 아니라 진정으로 두 사람의 인생을 찾기 위해서."

작가가 정말 말하고 싶은 것은 이런 게 아니었을까? 실수가 있다 하더라도 진실과 인간적인 신뢰만은 남는 부부생활 말이다. 그런 의미에서 주인공의 친구 야시키 오사무 부부의 관계는 타쓰히코네와는 정반대의 지점에 놓이면서도 작가가 이상적이라고 설정하는 부부관계일지 모르겠다.

## 결혼과 가족에 대한 진지한 탐구

주인공 부부처럼 단란한 가정을 이루지도 못했고, 직장에서의 출세에 목을 매지도 않는 오사무, 그는 불치의 병에 걸려 투병 생활을 하는 부인을 돌보지도 않는다. 더구나 그는 아내의 병이 무엇인지조차 모른다! 툭하면 젊은 여자들과 섹스 관계를 맺기 일쑤다. 집도, 돈도 없다. 타쓰히코와는 정반대다. 그는 타쓰히코가 집을 샀을 때 집들이 선물로 '가면'을 준다. 왜 가면인가. "난 말야, 자신의 욕망대로 살고 싶다. 자신의 기분을 속이면서까지 가정을 지키고 싶지 않은 거야. 부부 서로가 가면을 쓰고 행복한 척한다는 거, 얼마나 지겨울까."

타쓰히코 부부가 '가면'을 쓰고 있다는 것이다. 그런데 자신의 욕망대로 살고 있다는 이런 오사무의 부인은 행복할까. 간병조차 제대로 받지 못하고 밤마다 술에 취한 채 병상 옆에서 헤매는 남편을 두고서 말이다. 부인은 심지어 남편이 걱정돼 죽지도 못한다는 말을 할 정도이다. 그러나 부인은 남편을 정말 남편으로서 사랑하는 것 같다.

"사실은 나 결혼하고 나서 몇 남자랑 불륜을 저지른 적이 있어. 사람이란 계속 방치당하면 자포자기가 되기도 하거든. 하지만 아무런 소용도 없었지. 그 사람을 대신할 수 있는 남자는 한 사람도 없었으니까. 그때 겨우 알게 된 거야. 둘은 인간의 가장 깊은 저 바닥에서부터 맺어져 있는 부부라는 걸. 남들처럼 한 이불 속에서 다정다감하게 살지는 못했어도 인간으로서는 더없이 굳게 맺어져 있다는 느낌…."

사랑의 격렬함은 결혼생활과 함께 시들어 버린다. 그 격렬한 감정은 인간의 에너지를 너무도 많이 소모시키기에 3년을 넘기지 못하도록 우리 몸이 조절한다고 하질 않는가. 일부일처제 하의 섹스 관계 속에서 살아가기에 우리 욕망의 발기가 좀처럼 얌전히 있으려 하지 않는다. 그렇다고 욕망이 시키는 대로 한다고 해서 무엇이 남을 것인가.

가족이란 것이 사유재산을 보존하기 위해 생성된 경제의 산물이라지만 그래도 재산의 보존과 상속만이 전부는 아닐 것이다. 오사무의 부인이 고백한 대로 '인간으로서 굳게 맺어진' 그 무엇과도 대신할 수 없는 그런 관계로 남을 수 있을까. 그렇게 살아갈 수 있을까.

쿠니모토 야스유키는 『대물』, 『스타 만들기』 등 제목 그대로 통속물을 그려온 작가다. 그가 지금 연재하고 있는 『행복한 시간』은 생생하고도 빈번한 섹스 묘사 때문에 또 한편의 야한 성인물로 보일지 모른다. 하지만 이 작품은 우리 시대의 결혼과 가족에 대해 진지하게 묻고 있는 우리 시대의 텍스트라고 할 만큼 진지한 작품이다.

# 땀내 묻어나는 현장감
# 그리고 리얼한 스토리

★ 『**참치**』 이본토 글·그림, 1·2권, 발행중, 서울문화사
★ 『**낫짱**』 다나카 준 글·그림, 전14권, 삼양출판
★ 『**스위트 하우스**』 타이세이 사토 글·그림, 전2권, 서울문화사

만화를 보는 것은 또 다른 세상을 보는 것이기도 하다. 나는 아직도 리얼리즘 계열의 만화를 좋아하는데, 이것은 작품에 투영된 세상을 구경하고 싶은 욕망 때문일 게다. 그래서 작품 평가의 기준으로 세부 묘사의 정확함이나, 상황 설정의 적실성에 무게를 많이 두는 편이다. 물론 만화라는 장르가 갖는 '상상의 자유로움'을 무시할 거냐는 반론도 있겠지만, 만화적 상상력과 리얼리즘 정신은 서로 배치되지 않는다는 것은 80년대의 문학 논쟁에서 충분히

---

• 최용범의 만화파일 8 – 〈월간 말〉 2001년 3월호

얘기된 것이기 때문에 따로 말할 필요는 없을 것이다.

아무튼 나는 내가 경험해보지 못한 세상을 보여주는 만화에 관심이 많다. 그래서 세상에서는 특이하지 않지만 만화소재로서는 특이한 만화들에 눈길이 많이 간다. 이번에 소개하고자 하는『참치』,『낫짱』,『스위트하우스』는 각각 원양어선, 철공소, 설계사무소를 배경으로, 그 안에서 사는 사람들의 고투를 다루고 있다는 점에서 상당히 특이한 만화들이다.

### 본격 해양 하드보일드 서스펜스

이본토가 그린『참치』는 한국만화로서는 드물게 취재에 신경을 쓴 만화다. 참치잡이 원양어선을 배경으로 하고 있는데, 작가는 해양소설의 대표적 작가인 천금성의 작품과, 인터넷을 통해 수집한 바다와 참치에 관한 정보를 참고했다고 한다.

참치

그래서인지 원양어선에 승선한 선원과 그들의 생활에 대한 묘사가 어느 정도 사실감이 느껴진다. 캡틴(선장), 오싱(갑판장), 초사(일등 항해사) 등 선원들의 직급도 원양어선에서 쓰이는 은어 그대로고, 그들의 역할 묘사에도 신경을 쓴 흔적이 보인다. 그리고 참치잡이 배인 만큼 빅아이(눈다랑어), 알바토어(날다랑어), 옐로핀(황다랑어) 등 참치의 다양한 종류에 대한 묘사나 참치를 잡아먹는 상어 샤치에 대한 묘사도 실감난다.

『참치』는 2년 전 마다가스카르에서 벌어진 의문의 살인사건에 대한 복수극을 축으로 이야기가 전개된다. 출항을 시작하는 광복2호에는 살인사건의 주역인 선장을 비롯 6명이 승선해 있는데 이들이 하나씩 죽어간다. 물론 복수의 주인공은 아직 정체를 드러내지 않는다. 2권까지는 2명의 인물이 살해되었다. 일종의 하드보일드 서스펜스 스타일의 작품인데, 그다지 긴박감이 느껴지지 않는다. 서스펜스 극의 핵심은 예측하지 못한 상황 속에서 사건의 실마리가 하나씩 풀어지는 듯하면서도 예상을 뒤엎는 반전이 거듭되는 것인데, 사건의 내막을 너무 일찍 밝혀버렸다. 마다가스카르에서 살해된 인물과 관련된 누군가가 광복2호에 잠입해 살해하는 구도는 너무 뻔하다. 더구나 피살자 그룹이 확실히 정해져 있고, 이들은 모여서 대책회의까지 하는 장면은 독자를 김빠지게 한다.

이러한 복수극에 곁들여 극적 재미를 주기 위해 길이 7미터의 황새치 같은 가공할 힘을 가진 참치나 상어와의 혈투가 그려지고 있다. 헤밍웨이의 『노인과 바다』에 나오는 폭군과도 같은 참치와의 대결이다. 작가는 이 장면을 박진감 있게 그리고는 있지만, 과장이 너무 심하다. 창과 같은 위력을 가진 황새치의 위턱에 어깨가 찔려 관통당하고도 학갓대(고기잡이 창) 하나를 무기로 싸우는 것은 설득력이 떨어진다.

그리고 만화의 중간중간에 천금성의 소설 『지금은 항해 중』의 몇몇 대목을 인용하고 있다. 그런데 자료의 인용은 해설로 쓰여야 하는데 대사 속에서 직접 인용되고 있다. 그러다 보니 자연스런 대화가 아닌 문어체의 대사가 남발된다.

『참치』의 의욕과 시도는 좋지만, 그것이 '상품'으로서 유통되기 위해서는 다듬어야 될 대목이 아직은 너무 많다.

## '철공소'에 대한 새로운 접근

『낫짱』은 스물다섯 살의 여자주인공 나츠코가 아버지에게 물려받은 철공소를 운영해 가면서 겪는 일들을 그리고 있다. 철공소란 망가진 기계를 수리하거나, 공장의 설비기계를 제작해주는 작은 규모의 공장이다. 우리식으로 하면 영등포 일대에 산재한 주물공장 같은 것일 게다.

30년 간 기계일을 해오면서 지역에서 신용을 쌓아온 아버지가 갑자기 돌아가시면서 공장을 떠맡은 나츠코. 여자인 데다 경험이 없다는 이유로 거래처로부터 외면을 당하기도 하고, 설비가 좋은 대규모 공장과의 경쟁이 힘겹기만 하다. 하지만 나츠코는 꿋꿋하게 버텨나간다. 나츠코가 견뎌 나갈 수 있는 힘은 어디에 나오는 것일까. 그것은 아버지에게서 배운 기술자로서의 책임감과 근성이다. "할 수 있을지 없을지를 생각하기 전에, 어떻게 하면 가능할지를 생각한다."

해결이 불가능해 보일 정도로 고장 나버린 기계를 수

낫짱

리할 때 기술자의 태도가 어떠해야 하는지를 보여주는 대목이다. 까다롭기도 하거니와 채산성도 없는 수리이기 때문에 다른 공장에서는 외면하는 일들을 기꺼이 떠는 것도, 아버지에게서 배운 고객에 대한 헌신적 자세를 지키기 위해서다.

"우릴 찾아오는 고객들은 그만큼 절실한 사람들이야. 그걸 넌 실패해도 상관없다는 가벼운 기분으로 생각한단 말이냐! …한번 맡았다면 고쳐야 할 책임이 있다. …끝까지 책임지는 게 우리의 신용이다."

이야기가 계속 이렇게만 전개된다면 상당히 무거운 분위기의 만화라고 생각하기 십상이다. 그러나 『낫짱』은 경쾌하다. 만화로서의 재미도 충족시킨다. 나는 만화에 웃음이 없으면 만화가 아니라고까지 생각하는데, 이 만화는 진지한 테마와 혼치 않은 소재를 다루면서도 등장 인물들의 캐릭터가 재미있기도 하고, 이들이 사는 모습 역시 밝다. 작가는 이런 점을 상당히 의식해 만들고 있는 것 같다. 보통의 만화와 달리 이 작품에는 자작해설이 한 페이지 붙어 있는데, 마치 리얼리즘 소설이론을 보는 것 같은 느낌을 준다.

작가인 다나카 쥰은 지금까지의 영화나 소설, 만화 등에서 다룬 철공소는 고생을 강조하기 위한 공간의 설정이었다고 지적한다. 특히 이런 공간을 적극적으로 다룬 사회파 스타일의 작품에서는 철공소가 대기업주에게 착취당하는 어둡고 괴로운 측면만을 집중적으로 부각시키는 한계가 있었다는 것이다. 특히 중소영세공장의 입장에서 그린 작품들은 이들 공장의 괴롭고 힘든 측면만 부각시켜 오히려 철공소의 이미지를 악화시키는 결과를 가져왔다는 것이 작가의 생각이다. 어두운 편이 있는 것은 사실이다. 그러나 그것은 일면적이다. 오히려 반대편에는 '물건 만들기의 즐거움'이 있다. '마치 장난감을 만드는 기술자를 보고 있는 듯한 어린이의 눈'에 초점을 맞추면 괴롭고 어두운 면은 새롭게 보일 수 있다.

『낫짱』은 철공소라는 전문적이면서도 낯선 소재를 가지고 충분히 의미있으면서도 재미난 만화를 만들 수 있다는 것을 보여주는 작품이다. 작가의 신선한 시각과 함께 철공소의 현실을 치밀하게 취재한 데서 오는 재미와 의미일 것이다. 나는『낫짱』을 통해 일본 철공소의 오늘을 볼 수 있었다.

## '집'은 사람과 사람이 관계를 맺는 소통의 공간

『스위트하우스』는 설계사무소를 배경으로, 건축설계사의 세계를 그리고 있다. 그러나 이 만화는 건축설계사의 일상적인 일보다는 '집'이라는 공간의 의미에 대한 메시지를 전달하고 있다.

이 만화는 공교롭게도 『낫짱』과 비슷한 이야기 설정에다 주인공의 이름까지 같다. 물론 작가는 다르다. 남편이 죽으면서 설계사무소를 물려받아 운영해야 하는 나츠코. 1급 건축설계사로 의뢰자의 생활 스타일을 꼼꼼히 고려한 설계로 신망을 얻었던 남편 마사히루. 그런데 남편의 혼이 서려 있는 설계사무소를 운영하자마자 난관에 봉착한다. 남편이 쌓아올린 신용은 그가 있어야만 지켜질 수 있는 것이었다. 거래처가 거의 다 끊기고 직원들도 2명만 남는다. 1급 설계사가 없어 주문도 받지 못한다. 문을 닫아야 할 상황이다.

이때 나타난 1급 건축설계사 겐이지로. 빼어난 실력

스위트 하우스

이 있지만, 타협을 모르는 성격 때문에 건축업계에서 따돌림받는 인물이다. 그러나 고객들의 입장을 철저히 고려해 설계 해주는 스타일은 전남편과 같다. 이 켄이치로가 고객들의 집을 설계해주면서 겪는 일이 만화의 주된 내용이다.

켄이치로가 처음 건축 외뢰를 받을 수 있었던 것은, 연예인이나 유명인사의 집을 설계해주는 잘나가는 설계사 쿠로이와의 준공파티에 참석해 그가 설계한 집의 문제점을 통렬히 지적 하면서 고객들의 주목을 받았기 때문이다. 외양은 굉장히 화려하지만 입주자의 편의를 생각하지 않아 환기, 환풍이 되지 않는 기본적인 문제를 예리하게 지적했던 것이다.

이런 켄이치로이기에 설계를 할 때 어떻게 하면 거주자가 편안하게 생활할 수 있느냐를 제일 먼저 고려한다. 잘못된 자재와 설계로 인해 집주인의 아들이 만성질환에 걸린 문제의 집을 최소 비용으로 재건축해주는 것이 켄이치로의 첫 번째 설계작업이었다.

30년에 걸친 샐러리맨 생활 끝에 20여 평의 작은 공간에 집을 지으려는 의뢰자를 위해서도 최선의 노력을 다한다. 부지를 잘못 구입했기 때문에 3층 이상 올리지 못하는 상황에서도 켄이치로는 반지하를 마련해 3층집을 만들어주고, 샐러리맨 집주인의 간절한 소원인 서재도 절묘한 설계로 마련해준다. 이러니 고객이 감동하지 않을 수 없다.

집이란 단지 먹고 자고 생활하는 공간만이 아니라. 그 안에 사는 가족 간의 관계를 원만히 해주는 소통의 공간이기도 하다. 또한 집이 서 있는 공간은 이웃과의 관계 속에 놓여 있기도 하다. 그들과 어떤 관계를 맺을 것인가도 설계에서 빼놓아서는 안 되는 고려대상이다. 돌아가신 아버지의 무모한 욕심으로 동네에서 따돌림당하는 의뢰자를 위해, 그리고 혼자 있는 시간 이 많은 노모의 안전을 위해 켄이치로는 동네사람들이 집안을 훤히 볼 수 있게끔 설계한다. 동네사람들에게 공간을 열어두어 소통의 출발점으로 삼는 것이다.

『스위트하우스』는 집이란 사람과 사람이 관계를 맺는 공간, 주거자의 바람과 의지가 묻어 나는 공간이라는 점을 보여주고 있다. 다음 장면이 궁금해질 정도로 치밀한 스토리구조와 리얼한 상황 설정을 통해 그런 메시지를 전달하기 때문에 읽는 재미가 더 쏠쏠하다.

# 한 전공투세대 만화가의
# '우향우'

★ 『정치 9단』 히로카네 겐지 글·그림, 전 20권, 삼양출판사

    최근 고바야시 요시노리란 만화가가 그의 신작인 『대만론』에서 대만 여성들이 자발적으로 일본군 위안부가 되었다고 묘사해 파문이 일고 있다. 필자는 바로 얼마 전 대만을 다녀왔는데, 『대만론』은 품귀현상이 일 정도로 잘 팔리고 있었다.

    그런데 우리나라에서 일본만화가 이제 겨우 대중문화의 하나로 자리잡고 있는 시점에서 이런 악질 일본정치만화가가 화제로 부각되면 나쁜 영향을 미칠 것 같은 우려

---

- 최용범의 만화파일 9 – 〈월간 말〉 2001년 4월호

가 들기도 한다. 일본만화를 싸잡아 악성문화로 치부하지 않을까 하는 기우 때문이다. 게다가 고바야시란 만화가는 한국에서도 상당히 잘 알려진 작가이기도 한데, 그 고바야시가 이런 몰상식한 만화를 그린 작가일까 하는 생각에서 황급히 그의 이름을 다시 확인했다. 역시 한국에 잘 알려진 고바야시는 '고바야시 마코토'로,『대만론』의 작가 '고바야시 요시노리'와는 별개의 인물이었다.

## 『정치 9단』에서 일본정치의 현실을 읽다

여하튼『대만론』처럼 몰상식하게 역사와 현실을 왜곡하는 만화는 소수라는 점만은 밝히고 넘어가야겠다. 일본은 만화의 나라인지라 '옴진리교' 조차도 교주를 주인공으로 하는 만화를 제작해 유통시키기도 하고, 자체적으로 만화 출판사까지 설립해 교리를 만화로 풀어 쓰는 것을 주요한 포교 수단으로

정치 9단

사용하고 있을 정도다. 야쿠자들이 '형제의 연'을 맺을 때 하는 의식도 만화로 매뉴얼화해 책으로 만들어 팔기도 한다. 이런 의식 매뉴얼을 야쿠자 지방조직이 몇백 부씩 주문하는 나라니 극우파가 자신들의 주장을 담은 선전만화를 내놓는 것도 그다지 새삼스런 일은 아니다.

『정치 9단』의 원제는 '카지 료스케의 의議'다. 1991년부터 1998년까지 8년 간 강담사講談社의 〈모닝〉지에 연재됐던 작품으로 일본에서는 총 20권으로 묶여 나왔다. 한국만큼이나, 혹은 한국에서보다 더 환멸의 대상이 되어온 정치권을 다룬 만화다. 전 건설대신이자 민정당의 한 파벌인 니시에 클럽의 영수이기도 한 카지 모토하루의 아들인 카지 료스케가 주인공.

39세로 마르코우 불산이라는 대기업의 과장으로 근무하는 카지 료스케는 정치에 별다른 관심이 없는 철저한 개인주의자였다. 그런 카지가 정치무대에 등장한 것은 아버지와 그 후계자로 내정됐던 형이 교통사고로 인해 갑작스런 죽음을 맞게 된 때문. 일본은 정치가의 세습이 관례이기도 하다. 물론 카지는 처음엔 세습을 거부하지만, 그가 정치가로 나서 개혁에 앞장서는 것이 아버지의 유지임을 알게 되면서 선거에 출마한다. 그의 아버지는 자신의 비망록에 "정치가의 최종 목표는 인류의 행복"이라고 써놓을 정도로 큰 뜻을 품고 정치를 했던 인물. 카지는 이 비망록을 보면서 정치의 세계를 새롭게 인식한다.

『정치9단』이 재미있는 것은, 이 만화가 연재되는 동(同)시점에서의 정치 현실을 빗대는 스토리 전개로 실제 일본정치판을 읽을 수 있다는 점이다. 자민당의 분열과 비자민 연립정권의 형성과 해체, 그리고 자민당과 사민당의 연립정권 수립 등 최근의 일본정치 현실을 연상시키는 구도로 진행되고 있다. 그런 가운데 일본의 선거제도와 정치제도, 관계법에 관한 내용도 치밀한 스토리 구조 속에 녹아 들어가 있다. 이처럼 현실감을 높이기 위해 일본의 국회의원 50여 명과 도지사 등 유력 정치인들을 만나 취재를 했다고도 한다.

또한 단순한 현실 반영만이 아니라 일본의 정치현실에 대한 정확한 비판과 가야 할 방향까지 제시하고 있다. 이런 점은 일본과 마찬가지로 한국의 후진적인 정치행태에 대한 반면교사가 될 수 있다. 가령 이런 것이다. "중의원은 국정을 다스리는 입장이니 출신지의 이익이 아닌 국익을 생각해 자신의 선거구에 대한 이익유도형 공약을 일체 않겠다."

한국 역시 지역구 국회의원의 공약에 시의원이나 구청장이 해야 할 내용이 남발되고, 또 얼마나 지역 민원을 잘 해결하는가가 차기를 보장하는 관건이 되고 있다.

또한 법정 선거비용한도가 1,005만 엔인데, 카지의 첫 선거비용은 필요한 데만 썼는데도 6,000만 엔을 넘어선다. 무풍지대에서 현역의원의 경우, 1억 엔이 소요되고, 통상은 5억 엔이 든다고 한다.

이 만화는 매 권 책 표지의 날개에 작가인 히로카네 겐지의 코멘트를 달고 있는 것이 이색적이기도 한데 매 권의 주제를 응축해서 보여주고 있다. 첫권에 실린 작가의 말은 작품 전체의 문제의식을 나타내고 있는 것으로 봐도 무방하다.

"문명국이라 불리는 나라들 중에 일본만큼 정치 이미지가 나쁜 나라는 없겠지요. 아마도 모든 정치가가 금권, 부패의 이미지로 연결돼 있기 때문이지만 실제로는 그렇지 않은 국회의원이 훨씬 많은 것도 사실입니다. 일부러 정치가의 잘못된 부분만을 묘사하지는 않을 것이며, 진솔한 일면을 공평하게 그려나가고자 합니다."

## 전공투세대의 비판적 현실인식은 어디 갔나

『정치9단』은 정치개혁에 대한 열망을 현실감 있게 그려내 발간 초부터 언론의 관심을 받았다. 〈중앙일보〉는 『정치9단』이 한국 만화계의 '교과서'가 될 만한 작품이라고도 했고, 〈스포츠투데이〉의 김철진 기자(그는 김이랑이란 필명으로 더 잘 알려진 만화전문가)는 이 만화를 '5.17 광주 술판'의 주인공이었던 '86 정치신인'들에게 권하기도 했다. 실제 삼양출판사는 1차분 6권을 각 정당에 배포하기도 했다.

그런데 8권으로 접어들면서 필자는 눈이 의심스러워졌다. 현실감 없는 스토리 전개로 재미가 반감됨은 물론이고, 히로카네 겐지의 정체가 극우파였나 하는 생각이 들 정도로 필자는 당혹했다. 탁월한 정치분석 능력을 보여온 작가가 갑자기 현실감을 잃은 이야기를 펼쳐놓기 시작한다. 이 만화는 흥미롭게도 북한을 다루면서 바로 그 때문에 흥미를 잃어버리게 한다.

히로카네 켄지의 출세작 『시마과장』 시리즈의 후속편인 『시마부장』의 2권 66쪽

8권에서는 북한을 지배하는 독재자 이일성이 소개되는데 물론 김일성 주석이다.『정치9단』에 의하면 이일성은 북한이란 나라를 개인소유화한 권력자다. 수도인 평양을 자택의 정원쯤으로 여기고, 막대한 돈을 들여 자신의 '영지'를 정비했다고 한다. 한국·미국·영국·일본의 국방관료들은 이일성이 내년(1995년)에 전쟁을 일으키려고 한다고 분석한다. 통일을 공언한 해이기도 하고, 국제적으로도 북한의 '핵위협'에 대한 경제제재조치가 취해지자 이에 대한 돌파구로 전쟁을 선택한다는 것이다. 또한 경제난으로 인민의 불만이 가중되자 이런 불만을 외부로 돌리고, 자신의 보신을 위해 국민을 끌어들여 동반 자살하듯 전쟁을 일으키려 한다는 것이다. 실제로 1994년은 〈조선일보〉와 〈월간조선〉이 북한의 전쟁위협을 과장하면서, 냉전분위기를 조성했던 해이기도 하다. 이 무렵 연재됐던 내용이라 이런 측면이 굉장히 과장돼 나타나 있다.

이 만화가 한창 연재 중이던 1994년은 김일성 주석이 사망한 해다. 이 사건은 어떻게 반영돼 있을까?『정치9단』은 여기서 흥미로운 시나리오를 만들어낸다. 자신에 대한 불신이 상상 이상으로 퍼져 있어 공포 정치가 통하지 않게 되자 이일성은 쿠데타가 일어날까 두려워 일본

사회당에 중국으로의 망명을 요청한다. 일본과 중국은 이에 찬성하고, 이일성은 망명한다. 그러나 망명이 공식화되면 중국의 국제적 입장이 난처해지므로 모종의 공작을 편다. 공식적으로는 이일성이 죽었음을 발표한다. 시신도 보여주는데, 물론 할리우드의 분장전문가가 만든 이일성의 가짜 시신이다. 성대한 장례식. 이 장면에서는 1994년의 김일성 장례식이 그대로 묘사된다. 진짜 이일성은 극비리에 중국에 은신처를 마련해 망명한다. 그러다 얼마 안 있어 북한의 군부에 의해 은밀하게 암살당한다는 것이 『정치9단』의 시나리오다. 한마디로 현기증 난다.

그런데 이일성이 죽은 뒤에도 도발 행위는 그치지 않는다. 후계자인 아들 이일정이 아버지의 강경노선을 계승해 군사적 위협을 계속한다. 이런 도발 행위가 가장 극적으로 드러나는 것은 카지 로스케가 서울을 방문했을 때 북한 공작원에게 납치되는 장면이다. 카지는 미발견 땅굴을 통해 북한까지 끌려간 뒤, 극적으로 탈출에 성공한다. 탈출 뒤에는 그가 끌려간 땅굴의 존재까지 알리는 큰 공을 세우기도 한다.

왜 이런 황당한 설정을 하게 됐을까. 그것은 『정치9단』이 일본의 독립적인 무장력 강화를 주상하고 있기 때문이다. 곧 미일안보조약 이래 미국의 군사적 보호 아래 놓여 있으면서 방어적인 수준에서 제한된 군사행동밖에는 할 수 없는 자위대의 위상을, 포괄적인 군사행동이 가능한 수준으로 끌어올리려는 일본 우파의 시각을 반영하는 것이다. 그런데 무장력의 필요성을 신빙성 있게 주장하려면 위험요소를 끌어들여야 하는데, 『정치9단』에선 북한이 그 역할을 하는 것이다. 마치 미국의 매파가 자신들의 군사예산을 증액하기 위해 북한이나 이라크를 깡패국가로 규정하려다 보니 이들의 위험성을 강조하는 것과 마찬가지다.

그러나 방금 살펴봤듯이 극단적인 '깡패국가'로 북한을 규정하기 위해 이 작품은 진짜 '만화'가 돼버렸다. 정치 만화의 경우, 현실과 동떨어진 스토리 설정은 빈곤한 이데올로기만 내세워 식상하기 일쑤다. 재미를 통한 설득 대신 장황한 정치, 외교 논리만이 가득 찬다. 당연히 생동하는 이야기가 사라진다.

『정치9단』은 분명 실패한 만화다. 그런데 히로카네 겐지는 왜 이 작품을 썼을까. 어디까지가 그의 진실일까. 그는 우익으로 개종한 것인가. 누군가의 주문을 받은 것인가. 전공투세대의 비판적 현실인식을 담은 그의 날카로운 시각은 어디로 숨은 것일까.

# 선과 악, 둘 중 하나가
# 주먹 속에 있다

★ **『군계』** 하시모토 이조우 글·다나카 아키오 그림, 전34권, 서울문화사

『군계』의 작가 다나카 아키오는 전에 소개한 바 있는 『프로백수 보더』의 작가이기도 하다. 야구 만화인 『크러쉬, 크러쉬』란 작품도 있는데, 내겐 아무래도 『프로백수 보더』가 더욱 기억에 남는다. 사회 속에 섞이지 못하고 경계선에 선 백수들의 세계를 그린 그 만화는 충격적이었다. 그러나 『프로백수 보더』는 대중적인 반향을 얻지 못해 후속권이 출간되지 못하고 8권에 그쳐 아쉬웠다.

만화에 관한 글을 쓰다 보면, 읽을 때는 굉장히 재미있

• 최용빈의 만화파일 10(마지막회) – 〈월간 말〉 2001년 5월호

는데 막상 글로 쓰려 할 때 쓸 엄두가 나지 않는 만화가 있다. 쉽게 설명하기 힘든 내용과 테마 때문에 그렇다. 그런 만화의 대표적인 경우가 바로 『군계』다. 숨 막히는 승부의 세계가 밀도 높게 그려져 있고, 어느 대목 하나 허술한 구석이 없는 명작이다. 그런데 막상 글로 쓰려고 하자 '딱!'하고 떨어지는 테마를 발견하기 힘들었다. 『군계』가 단순히 승패의 세계를 다른 스포츠 만화에 머무르지 않고 있기 때문이다. 좀 거창하게 말하자면 『군계』 안에는 인간이 살아가는 사회에 대한 존재적 성찰과 반항이 묻어난다.

### 알 수 없는 살인 충동

『군계』의 주인공은 16살의 살인범 나루시마 료. 아버지는 고위직 외교관으로 몇 년째 해외에 나가 있고, 어머니는 사회활동으로 자주 집을 비운다. 하지만 자신을 사랑하는 여동생이 있고, 성실한 가정부와 가정교사가 있어서 평온한 가정생활을 보냈다. 나루시마는 명문 사립고교의 모범생으로 동경대학 특차합격도 보장돼 있었다.

그러던 어느 날 그는 돌연 가정교사와 가정부 두 사람을 무참히 칼로 죽였다. 끔찍한 참극의 충격을 이겨내지 못한 아버지는 현지에서 스스로 목숨을 끊었고, 정신이상이 된 어머니도 거리에서 교통사고로 숨을 거뒀다.● 나루시마는 감옥으로, 동생은 집에서 쫓겨나 매춘부로 전락한다. 평온했던 가정이 한순간에 산산조각난 것이다. 나루시마 료는 왜 살인을 저질렀을까?

군계

"그날 내가 왜 그런 짓을 했는지 몰라요. 자꾸만 숨이 막혀 어딘가로 도망치고 싶었어요. 나를 가둬 둔 그 둘이 미웠고…. 하지만 죽이려고 했던 건 아녜요." 자신도 모른다. 다만 죽이지 않고는 자신이 죽을 것만 같아 무아지경의 상태에서 살인을 저질렀다. 자신의 이성이 통제하지 못하는 그 어떤 충동에 사로잡힌 것이다. 설명할 수 없는 충동이다. 그러나 알 것도 같다. 보통사람들도 가끔은 '규

---

● 원래는 부모를 칼로 죽인 것이다. 하지만 한국판에서는 국내 정서를 고려해선지 본문과 같이 처리했다. 하지만 한국판에서도 2권 이후부터는 주인공이 부모를 죽인 것으로 나온다.

제와 규율'의 틀을 못 견뎌 할 때가 있지 않는가.

소년원에 보내진 나루시마 료는 그곳에서 살인범이란 이유로 심한 이지메에 시달린다. 소년원의 질서를 장악한 마사라는 덩치 큰 소년범은 그에게 성기를 핥으라고 강요한다. 나루시마는 공포에 질린 끝에 마사의 성기를 물어뜯는다. 그 순간 그의 내면에서는 "인간에게 있어 성性은 악이다"라는 소리가 들려온다.

모범생이었고, 약하기만 했던 나루시마는 우연히 자신의 생존을 지킬 수 있는 수단을 발견한다. 가라데의 명문 유파 '반류회'의 전설적 실력자였던 구로카와 사범으로부터 가라데를 배우게 된 것이다. 구로카와는 가라데의 세계 속에서 사회정의가 무엇인지를 느꼈던 인물. 거대기업의 횡포를 고발하면서 할복한 노동자의 절규에 공감한 그는 행동에 나섰다. 거대기업의 총수를 응징하기 위해 나선 그는 경호원 2명과 대기업 총수에게 중상을 입히고 체포돼 종신형을 선고받고 교도소에 들어와 있었다.

소년원 갱생 프로그램의 하나로 가라데 수련을 맡았던 그는 나루시마를 주의깊게 지켜본다. '이놈이야말로 가라데에 가장 어울린다'고 생각한 그가 나루시마 료에게 한마디 던진다. "선과 악, 이 둘 중 하나가 주먹 속에 있다."

온통 적으로 둘러싸인 소년원에서 나루시마 료는 오로지 생존을 위해 가라데 수련에 몰두한다. 고수가 된 나루시마는 소년원의 적들과 목숨을 건 싸움을 하고 끝내 살아남다 출소한다.

그러나 살인범의 낙인이 찍힌 그가 갈 곳은 없다. 결국 야쿠자 세계의 하수인으로서 남창이 되어 하루하루를 연명해 간다. 그러던 어느 날 텔레비전을 통해 리셀·파이트(즉음의 격투)를 보게 된다. '캄캄한 상자 속에 갇혀 있는' 자신의 가라데와는 달리 각광받는 무대에 선 가라데를 보면서 그는 격투의 세계로 들어간다. 하지만 사회가 만들어놓은 정규코스를 통해 '가라데 선수'가 될 수 있었던 것은 아니다. 무작정 거리의 싸움꾼들을 묵사발 내놓는 권수奉獸로서 가라데 무대에 발을 들여놓았다.

## 생존을 위한 본능조차 자본과 흥행의 손아귀 안에

살해당하지 않기 위해, 살아남기 위해 생성된 가라데의 원초적 배경 그대로 커온 그에게 스포츠화된 가라데 무대는 사실 맞지 않는다. '룰이 무기'인 그들에 맞서 나루시마 류는 온갖 변칙적인 방법으로 승리를 이룬다. 그러나 '살인범'의 전력과 무자비한 격투 행태로 대중들에게 비난을 받는다.

비난의 표적이 된 승자 나루시마 료는 오직 자신의 길만 갈 뿐이다. 그가 도달하고자 하는 것은 리셀·파이트 무제한급 챔피언 스가와라 나오토를 꺾는 것. 그러나 나루시마와 스가와라는 급수가 맞지 않는다. 경량급에 아직은 싸움닭 수준에 불과한 나루시마에 비해 스가와라는 100kg의 체중에 체력, 스피드, 기량 모두 세계 최고 수준에 이른 왕 중 왕이다. 나루시마는 그런 스가와라는 적의를 품는다. 제도화된 스포츠의 왕에게, 모든 것을 가진 그에게 나루시마는 열등감과 시기심, 그리고 원초적 적의를 느낀다.

'본능'만으로 움직이는 나루시마. 그는 온갖 비열한 방법을 동원해 도전자 자격을 취득하고 대결을 원치 않는 스가와라를 격분시키기 위해 그의 애인을 능욕한다. 결국 이뤄진 대결. 도쿄돔에서 벌어지는 이 이벤트의 이름은 '리셀·파이트 밀레니엄 죄와 벌'. 선과 악, 죄와 응징이 테마이다. 그리고 스가와라의 일방적 공세 속에 계속되는 격투, 여기서 11권이 끝난다. 과연 나루시마는 승리의 기적을 이룰 것인가, 아니면 죄의 대가로 죽음을 맞을 것인가.

그런데 재미있는 사실은 나루시마가 스가와라에 도전하기까지의 전 과정은 리셀·파이트 이벤트의 PD인 요코와 시나리오 작가인 오키하라의 각본대로 이루어진다는 점이다. 그들의 치밀한 연출이 배후에 숨어 있었다. 나루시마가 전국가라데선수권대회에서 벌이는 일부터 스가와라의 연인을 능욕하고 스가와라와 도쿄돔 결전을 치룰 때까지 이들의 각본대로 이루어진다. 세계의 질서에 반하는 원시적 격투 충동까지 치밀하게 계산한 이벤트 흥행사에 의해 경기가 이루어지는 것이다. 끔찍하지 않을 수 없다.

『군계』의 작가 다니카 아키오의 작품이 규정하기 힘들 정도로 무거운 것은 인간의 삶이 알 수 없는 배후에 의해 움직여지고 있다는 작가의 이런 어두운 세계관 때문일 것이다. 전작 『프로백수 보더』가 고정화된 세계의 질서를 벗어나려고 몸부림치는 경계인들의 삶을 그렸다면, 『군계』는 생존을 향한 전투적 본능조차 자본과 흥행의 손아귀에서 규제되고 있는 오늘의 삶을 복잡하고도 차가운 시선으로 보여주고 있다.

# Memories

# 땀의 의미 가르쳐주신
# 연탄장수

아버지는 큰돈을 벌지는 못했다.
그러나 동네 사람들이나 주변의 친척들에게 항상 떳떳하셨다.
'연탄집 아저씨'지만 격조가 있으셨다.

지금 필자의 몸을 보면 아무도 믿지 않는다. 키 170m에 몸무게 50Kg을 겨우 채울 만한 몸집인데, '노가다' 체질이라고 큰소리치니 말이다. 믿음이 가지 않는 게 당연하다.

그러나 나의 '노가다' 경력은 물경 20년이다. 10대부터 서른이 다 될 때까지 '노가다'를 해왔다. 아버지 덕이다. 중학교 1학년 때부터 시작한 연탄배달이 '노가다'의 시작

●

이 원고는 〈한국경제신문〉이 발행하는 주간지 〈한경비지니스〉의 청탁으로 "아 나의 아버지"라는 연재 고니에 기고한 글이다( 2006년 12월 7일자).

인 셈이다. 초등학교 다닐 때는 연탄 가게를 보면서 주문도 받고 연탄 낱장 판매도 했다. 형제들이 내리 그 일을 돌아가며 했다.

아버지는 연탄장수였다. 30년을 업으로 하시면서 7남 1녀를 키우셨다. 그게 우리의 자랑이자 아버지의 자랑이셨다. 하지만 자식들에게는 곤혹스럽기도 했다. "연탄집 사나이는 검은 마후라"라고 놀려대는 또래의 짓궂음도 그랬지만 무엇보다 친구들과 마음껏 뛰놀지 못하는 섭섭함이 컸다. 8남매 모두 가게에 묶이다 보니 어린 날의 재미를 얻지 못했다. 폐결핵으로 쓰러진 일꾼을 대신해 배달하거나 건설현장보다 힘들어 내뺀 일꾼을 대신해 연탄을 날라야 했던 날도 많았다. 지금 생각해보면 '갑갑해 보인다'는 표현이 맞을지 모른다.

아버지는 장사 아이템을 설정하는 데서도 장사의 논리 대신 사람의 논리를 택했다. 음식 장사를 하면 가격 결정이 어려운데 연탄장사는 가격이 정해져 있어 거짓말을 하지 않아서 좋다고 늘 말씀하셨다. 서울로 상경해 처음 포장마차를 하실 때의 경험이신 것 같다. 술장사, 밥장사는 가격을 맘대로 붙여 힘드셨다고 했다. 요즘의 경영 논리로는 이해하기 힘들지만, 아버지는 그랬다.

그럼에도 신뢰 경영에는 철저하신 것 같았다. 연탄장사는 겨울 장사라 여름은 논다. 그래서 아버지는 얼음 장사도 했다. 여름에 얼음 한 토막 가져오라는 주문이 오면 꼭 여분을 더해 잘라가셨다. 왜냐고 여쭈었다. 아버지의 말씀은 배달 도중에 녹는 게 있으니 그것을 감안해 충분히 가져가야 한다는 것이었다. 비록 표가 안 나더라도 말이다. 아버지는 큰돈을 벌지는 못했다. 그러나 동네 사람들이나 주변의 친척들에게 항상 떳떳하셨다. 그런 아버지를 자식들 역시 자랑스러워했던 것 같다. '연탄집 아저씨'지만 격조가 있으셨다. 그래서인지 우리 형제는 취직을 앞두고 자기소개서를 쓰게 되면 꼭 연탄장수 아버지의 아들이란 것을 당당하게 밝혔다.

아버지는 자식 교육에 큰 신경을 쓰지는 못하셨다. 7남 1녀를 키우기가 어디 쉽겠는가. 큰형을 진학시키지 못한 것에 늘 미안해 하셨다. 여섯째인 필자부터 제대로 대학에 진학했을 뿐 형들이나 누나는 그렇지 못했다. 필자 또한 자신의 힘으로 대학을 다녀야 했던 형들에게 늘 미안함을 느꼈다.

그렇다고 아버지의 교육관이 없었던 건 아니었다. 다음 학기 등록 시즌이 돌아오면 아버지는 꼭 '연탄을 들일 때' 등록금을 주시곤 했다. 공장에서 차가 와서 연탄을 창고에 쌓을 때 주셨던 것이다. 자식들은 연탄이 다 쌓이는, 땀을 흘리는 현장을 보고 난 후에야 등록금을 받을 수 있었다. 등록금에 묻은 땀의 의미를 그렇게 가르쳐 주셨던 것 같다.

나는 그런 아버지가 어려웠다. 원칙이 강한 어른들은 대개 엄하기 마련이다. 그러나 필자가 대학 3학년일 때 가게를 접으신 뒤로는 많이 약해지셨다. 환갑을 넘기신 후에는 술맛을 알아버린 자식의 취중 횡설수설에 못마땅해하시기도 했다. 하지만 기끔씩 반아드리는 약주를 무척 좋아하셨다. 드문드문 드리는 담배 보루도 반가워하셨다. 그렇게 엄하게만 보였던 아버지는 필자가 늦은 시간까지 책을 쓴답시고 끙끙댈 때 우유며 과일을 챙겨주셨다.

그런 아버지가 필자의 결혼을 못 보시고 심근경색으로 쓰러져 3년을 의식도 없이 누워계시다 돌아가셨다. 그 사이 자식은 행복한 가정을 꾸리고 두 아이의 아빠가 됐다. 며느리며 손자들을 귀여워하셨을 아버지의 빈자리가 쓸쓸하다. 행복의 이면은 빈자리에 대한 허전함이다. 아버지, 보고 싶네요.

# 어머니의 굳은살

어머니가 가셨다.
일과 걱정과 슬픔과
약간의 기쁨 속에 살다
가셨다.
슬픔도 아픔도
굳은살이 박인다.
어머니는 죽으면서 그 단단한
굳은살을 자식 가슴 속에 묻는다.
그래도 생채기 하나 남김없이
복숭아 살처럼
아련한 슬픔만 남기고 가셨다.
어머니, 편히 가세요.

- 저의 장모님은 2008년 7월의 어느날 불의의 교통사고로 돌아가셨습니다. 상중에 술을 마시고 극도로 슬픈 마음에 쓰게 되었습니다.

# 세월 - 부부 이야기

그 남자 옆에

그 여자 있었습니다.

어느새

그 여자 옆에 그 남자 있습니다.

- 저희 출판사의 고문으로 있다 돌아가신 전 KBS 드라마국장 김수동 선생님의 사모님 황영자 화백의 사연을 김 선생님께 들을 기회가 있었습니다. 황 화백께서는 20대에 홍대 서양화가를 중퇴하고 KBS 탤런트로 활동하시다 선생을 만나 함께 살게 되었답니다. 안동 김씨의 종손이셨던 김수동 국장의 선친은 "양반가의 법도를 어겨 '동거'부터 했다"며 황 화백을 냉대했답니다. 그런 시아버지가 인생 마지막 10년을 치매로 고생하셨는데, 황 화백께서 며느리로서 모자람없이 수발 들었답니다. 선친인 김을한 선생이 돌아가시자 마흔 살의 황 화백은 파주에 작업실을 마련하고 일산 자택에서 30년간 오전 9시부터 오후 6시까지 서양화에 매진하셨답니다. 그 사모님의 전시회를 다녀왔는데, 그 때 화랑의 도슨트에게 들은 말이 이렇습니다. "인사치레로 그림 사실 필요가 없습니다. 그림이 거의 다 예약됐습니다." 50호, 100호짜리 그림은 수천만원을 호가한다더군요. 10호 정도 소품을 사려던 필자에게 망설이지 말라던 얘기였습니다. 당시 김수동 선생은 은퇴하고 한적한 삶을 사셨는데, 선생의 사모님은 자리 잡은 화가가 되셨던 거지요. 한때 '김수동 감독 사모님'에서 이제는 '황영자 화백의 남편'으로 부부가 자리바꿈한 사연이 재미있었습니다.

# 야한 여자

황영자 화백께

나는 야한 여자가
좋습니다.
까~맣게 말라가면서도
꽃이라고 주장하는
저 장미꽃 같은 여자
말입니다.

- 이 또한 황영자 화백 전시회를 다녀온 뒤의 이야기입니다. 처음 뵌 황 화백께서는 70대의 나이에 굴하지 않고 빨간 미니스커트에 보라색이었던가, 여하간 원색 계통의 블라우스를 입고 계셨던 것으로 기억합니다. 짙은 화장을 하고요. 그림 판매로 얻은 수입은 거의 화장품과 옷값으로 나간다고 하더군요. 그래서 전시회 다녀온 뒤에 한잔 하고는 반짝 생각이 나 이 글을 쓴 뒤 다른 책의 갈피에 이 글을 적어 황 화백께 보냈습니다. 두분의 아드님이 이 글을 보고는 '엄마를 잠깐 보고서 어떻게 엄마 성격을 이리 잘 파악'했냐며 놀랐다고 하더군요.

# 무진장 아가씨

내 아내는 무진장 아가씨
세상사 무진장 모르면서
세상 무진장 잘 아는
무진장 아가씨.

그런 무진장 아가씨가
무섭습니다.
무진장 아가씨는
사랑하지 않으면
무진장 무섭습니다.
무진장
무진장
나는 무진장 바보가 돼버립니다.

- 2000년 여름께 쓴 것을 잃어버려 2025년에 기억을 더듬어 다시 썼습니다. 혹시 나중에 이 책이 잘 알려지고 노래로 만들어져 무주, 진안, 장수 읍내에 詩碑가 세워지는 야무진 상상을 해봅니다.

**벗이 쓴 책에 붙인 글 1**

# 아버지의 첫 직업은 머슴이었다

1960년대에 태어나 지금은 50대인 세대, 그중 특히 대학에 들어가 전경의 최루탄에 맞서 짱돌을 던졌던 이른바 '86세대'에게 아버지는 어렵다. 대부분의 아버지 세대는 한국전쟁 전후에 태어나 연 소득 500달러도 안 되는 최빈국이자 1인 독재국가에서 피땀 흘려가며 '한강의 기적'을 이룬 산업화시대의 주역이다. 지금 70, 80대가 되신 아버지 세대에서 중등 교육을 받은 분들은 10%도 채 안 될 것

친우 한대웅이 아버지의 일대기를 쓴 책(『아버지의 첫 직업은 머슴이었다』)에 발문으로 작성했으나 논의 끝에 싣지 않았습니다.

이다. 인생의 의미를 찾거나, 삶의 재미를 찾는다는 것은 상상도 하지 못했을 분들이다. 민주화운동한다고 학교 공부를 소홀히 한 자식 세대와 불화했다.

그렇지만 부모님 세대가 살아온 이야기는 그 누구의 것이든 소설책으로 수 권이 되고, 영화로 몇 편이 될 것이다. 6·25 한국전쟁, 4·19 혁명, 베트남전쟁, 70년대 유신독재, 80년 5월 광주항쟁, 87년 6월 시민항쟁 등 격동의 한국 현대사를 몸으로 겪어온 부모 세대 누구랄 것 없이 가슴에 지워지지 않을 상처와 훈장 몇 개씩은 간직했을 분들이다.

한대웅의 책은 보통사람이 쓴 보통 아버지 이야기다. 그는 그야말로 보통 아버지의 위대한 인생 이야기를 10여 차례의 퇴고를 거쳐 한 권의 전기로 엮었다. 보통 아들의 위대한 결실이다. 어렵기만 했던 아버지와 아주 편한 사이가 되었다고 한다. 스스로에게는 자존감을 높여주는 작업이었다고 한다. 나는 첫 독자로서 원고를 읽고 났을 때 울컥했다. 돌아가신 아버지에 대한 그리움이 사무쳤다.

50대를 사는 우리 세대가 70, 80대 부모님께 해드릴 수 있는 것, 소통하는 방법으로 부모님이 살아오신 이야기를 책으로 써드리는 만큼 좋은 것은 없을 것 같다. 물론 책

한 권 쓴다는 것은 무척이나 어려운 일이다. 그러나 다른 사람 의식하지 말고, 문법 신경 쓰지 말고 한 줄, 한 장 채우다 보면 100쪽, 200쪽짜리 책은 누구나 쓸 수 있을 것이다.

**벗이 쓴 책에 붙인 글 2**

# 네가 있는 곳이
# 세상이다

부유浮遊. 채경식을 생각하면 떠오르는 단어다. 둥둥 떠다님. 정처 없이 세상을 떠돈다는 것. 대학 시절 문학회의 친우 경식이는 나이 오십에 접어든 지금도 떠다닌다. 터 잡지 못하고 불안과 냉소 속에 세상을 떠돌던 그는 방외인이다. 세상을 스스로 아웃했든, 세상에서 아웃당했든 어쨌든 아웃사이더이다.

대학 1학년의 여름방학, 충주가 집인 그는 성균관대 명

---

대학 문학회 시절의 동기 채경식의 시집 발문으로 써넣었습니다. 동기인 허선미가 여유롭지 않은 형편 가운데 500만원을 제작비로 지원해주었습니다.

륜동 캠퍼스의 칙칙하기만 한 동아리방에서 기식했다. 거기서 영등포의 조그마한 기계공작소, 소위 마찌꼬바町工場, まちこうば라 불리는 공장에 일을 나갔었다. 두 달 내내 일해 모은 돈으로 등록금을 마련하나 싶더니 경식이는 엉뚱하게도 하프를 샀다. 혼자 만지작거리더니 어느새 연주했다. 재주는 참 좋은 친구였다. 그런데 한 달도 안 돼 도둑맞고 말았다. 그 시절 대학캠퍼스 동아리방에는 도둑이 자주 들었다. 그럼에도 별다른 낙망의 기색이 없었다. 먹을 것 못 먹고 사놓은 고가의 악기를 잃어버렸어도 천하태평이었다.

80년대의 대학가는 민주화운동과 함께 민중운동과의 연대가 활발했다. 우리는 지역의 노동운동에 지원을 나가기도 했다. 노조를 와해시키려고 위장폐업을 한 어패럴(의류업체) 공장에서 폐업 철회를 요구하는 투쟁이 있었다. 노조에서는 학생들에게 지원요청을 했다. 경식이와 나도 거기에 참여했다. 투쟁 지원이라고 해도 서너 번 방문해 같이 밥을 먹고 토론하는 정도였다. 그런데 경식이는 달랐다. 한 달여 간 공장에서 먹고 잤다. 그런데 경식이는 노조의 골칫거리가 되었다. 여성 노동자가 대부분인 봉제공장에서 소수 남성노동자는 술 먹고 개기는 경우가 많았다. 경식이는 그 불량 남성노동자들과 함께 매일 술 마시며 늦은 밤 공장에 들어와 냄새를 풍기며 자기 일쑤였다. 노조 투쟁의 기강을 흐리는 불량감자였던 것이다. 오죽하면 착실한 조합원들이 제발 좀 학교로 돌아가라고 내게 하소연할 정도였다.

그런데 경찰이 강제로 농성을 해산하려고 진압 작전에 돌입했을 때 경식이는 남성노동자들과 함께 경찰에 맞서다 연행됐다. 나도 그 자리에 있었는데 여성노동자들은 나를 에워싸며 보호했다. 겁 많은 나는 싸움 한번 제대로 못 한 채 웅크리고 있다가 연행됐다. 시간이 한참 흘렀지만 지금도 얼굴이 화끈거린다.

십 년 가까이 학교 언저리에서 지내던 경식이는 세상으로 나왔지만 정착하지 못한 채 불안한 얼굴로 떠돌았다. 그런 그가 문학회의 카톡방에 시 비슷한 것을 올리기 시작했다. 아포리즘 비슷한 낙서도 올렸다. 그의 글에는 세상에 정착하지 못하고 겉도는 아웃사이더의 냄새가 짙게 배어 있다. 생활인의 냄새가 나지 않고, 이성의 흔적을 찾기 힘들다. 감상과 감성이 도드라진다. 그런데도 카톡방에 올라오는 생활인 친구들의 일반적인 수다와는 다른 뭔가가 있었다.

생각해보자. 쓸모 있고 적응 잘하는 인간이 시를 쓰겠는가. 착실한 우리 사회인 다수가 소위 말하는 '대리 인생'을 살고 있지 않은가. 사회와 타인의 욕구를 대리해 돈을 벌고, 지상의 쪼그마한 집 한 칸 속에 복작이며 살고 있지 않던가.

미문으로 유명한 문학평론가 김현은 그래서 문학이란 하나 쓸모없는 것이기에 쓸모 있는 것이라고 하지 않았던가. 열심히 살고는 있지만 돌아보면 한낱 미망迷妄에 불과한 것에 빠져 헛되이 분망奔忙한 것은 아닌지. 문학이란 것은 가끔 존재의 의미 없음을 생각해 의미 있게 만드는 역설 때문에 존재하는 것은 아닌지.

그의 시의 주조를 이루는 것은 사랑과 죄의식과 가족이다. 스스로 '애정 조절 장애'가 있다고 고백한 채경식의 시에서 사랑은 아픔이다.

아프다 그리운 건 아프다
그립다 아픈 건 그립다

-「빈잔」中

사랑은 소통이고, 다른 한편으론 '밀당'의 게임이기도

하다. 애정 조절 장애인은 게임을 못 한다. 그저 사랑에 아프다. 속절없이. 그리고 슬프다.

 사랑하는데 난
 왜 슬픈가
 그대가 나를 사랑하는데
 난 왜 슬픈가

 내 옆에 네가 있어
 난 왜 우는가

 눈발에 차가워진 내 손을 네가
 호오 호오 하는데

 왜 찬바람 쪽으로
 창피해 얼굴을 돌리는가

 너를 보면 난 늘
 내 사랑이 가난해 보이고

　　　　　　　　　　　　  -「그대에게」 中

세상을 겉돌며 살았듯 사랑도 겉돌고, 뭔 놈의 죄의식이 그리 많은지 모르겠다.

    그늘진 내 입술은
    낙엽이 되어
    (…)
    나에겐
    죄가 있어

    너만이
    아니라고 할 수 있는
    그런 죄가 있어

-「속죄」中

부끄러움이 많아져
자주 얼굴을 가린다

특히나 바람이 하늘을
맑게 닦아

별이 거울이 되어
내게로 비추면

붉어진 눈가에서는 누추한
비가 내리고

- 「부끄러움」 中

   그가 죄의식을 느끼고 부끄러움을 타는 것은 세상과 싸워나갈 용기가 없어서일까? 모기와 지렁이 같은 미물과 자신을 똑같은 존재라고 여기기 때문일까? 세상에서 제일 무능하고, 겁 많고, 쓸데없는 그이기에 어쩌면 가장 평화로운 존재일 것이다. 그런 경식이는 천진하다.

내가 바라는 세상은

아이가
배고파 울지 않고

노인은
남은 시간을 두려워하지 않고

아이는
어른이 됨을 즐거워하고
노인은
시간이 다했음을 행복해하는 세상

짐승이
사람보다 아래가 아닌

사람이 죽어간 것들에게
미안하다고 말하는
서로에게 사과하는 세상

— 「내가 원하는 세상」 中

   세상을 두려워하지만, 천진난만한 '애정 조절 장애인' 경식이 작년에 결혼했다. 제 나이 반밖에 안 되는 여름나라 필리핀 아가씨와 '페이스북'을 통해 만났다. 그의 아내는 '애기'이기도 하고 "그런 나의 여자가 / 지금 화가 나 있습니다 / (…) / 빌고 또 빌다가 모자라면 / 꿈에서라도 죽어야겠습니다"라고 반성문을 쓰게 만드는 호랑이기도 하다. 그를 여전히 애기로 볼 수밖에 없는 노모와 함께 말이다. 그의 아내 뱃속에는 진짜 '애기'가 있다. 올여름이면 볼 것 같다. 그의 소망은 시집이 많이 팔려 분윳값 걱정 안 하는 것이다. 독자들의 성원을…….

## 어느 불량 출판사 사장의 자술서

초판 1쇄 발행 2025년 10월 10일

| | |
|---|---|
| 지은이 | 최용범 |
| 편집기획 | 이원석 |
| 펴낸이 | 최용범 |
| 디자인 | 김규림 |
| 마케팅 | 강은선 |
| 관리 | 이영희 |
| 인쇄 | ㈜다온피앤피 |

| | |
|---|---|
| 펴낸곳 | 페이퍼로드 paperroad |
| 출판등록 | 제2024-000031호(2002년 8월 7일) |
| 주소 | 서울시 관악구 보라매로5가길 7 1309호 |
| 이메일 | book@paperroad.net |
| 페이스북 | www.facebook.com/paperroadbook |
| 전화 | (02)326-0328 |
| 팩스 | (02)335-0334 |
| ISBN | 979-11-92376-60-8(03810) |

- 이 책은 저작권법에 따라 보호받는 저작물이므로 무단 전재와 무단 복제를 금합니다.
- 잘못 만들어진 책은 구입하신 서점에서 교환해드립니다.
- 책값은 뒤표지에 있습니다.
- 이 책을 인공지능 학습용 자료로 무단 활용하는 모든 시도를 엄금합니다.

## 인기 도서 목록

- 『아무도 의심하지 않는 일곱 가지 교육 미신』 데이지 크리스토둘루 | 16,800원
- 『헌법의 순간』 박혁 | 19,000원
- 『하룻밤에 읽는 한국사』 최용범 | 13,500원
- 『원점에 서다』 사토 료 | 15,000원
- 『지도와 사진으로 보는 제1차 세계대전』 A. J. P. 테일러 | 25,000원
- 『지도와 사진으로 보는 제2차 세계대전』 A. J. P. 테일러 | 27,000원
- 『나 홀로 볼링』 로버트 D. 퍼트넘 | 19,800원
- 『하룻밤에 읽는 한국사』 최용범 | 16,800원
- 『10인 이하 회사를 경영하는 법』 이시노 세이이치 | 15,800원
- 『하룻밤에 읽는 한국 근현대사』 최용범 & 이우형 | 16,800원
- 『초고령사회 일본에서 길을 찾다』 김웅철 | 16,800원
- 『하룻밤에 읽는 남북국사』 이문영 | 19,800원
- 『니체와 장자는 이렇게 말했다』 양승권 | 18,000원
- 『우리 아이들』 로버트 D. 퍼트넘 | 19,800원
- 『도쿠가와 이에야스는 어떻게 난세의 승자가 되었는가』 아베 류타로 | 17,800원
- 『만화로 보는 한국형 가치투자 전략』 김민국 & 최준철 | 22,000원
- 『하룻밤에 읽는 독일사』 안병억 | 19,800원
- 『하룻밤에 읽는 영국사』 안병억 | 18,000원
- 『잇앤런』 스콧 주렉 & 스티브 프리드먼 | 14,800원
- 『어린이를 위한 하룻밤에 읽는 한국사 1~3』 최용범 & 이우형 31,000원
- 『50억 벌어 교수직도 던진 최성락 투자법』 최성락 | 16,800원
- 『히틀러와 스탈린』 로렌스 리스 | 38,000원
- 『경제학 패러독스』 최성락 | 18,000원
- 『D. H. 로렌스 유럽사 이야기』 데이비드 허버트 로렌스 | 22,000원

- 『하룻밤에 읽는 한국 고대사』 이문영 | 18,000원
- 『업스윙』 로버트 D. 퍼트넘 & 셰일린 롬니 가렛 | 22,000원
- 『이완반응』 허버트 벤슨 | 15,800원
- 『CEO의 습관』 김성회 | 12,000원
- 『논어와 주판』 시부사와 에이치 | 18,000원
- 『나는 카지노에서 투자를 배웠다』 최성락 | 16,800원
- 『부자들의 지식창고에는 뭔가 특별한 것이 있다』 최성락 | 16,800원
- 『상인의 세계사』 다마키 도시아키 | 18,500원
- 『규제의 역설』 최성락 | 18,000원
- 『준비되지 않은 전쟁, 제2차 세계대전의 기원』
- 『뇌전증 이야기』 김흥동 | 19,800원
- 『기차 시간표 전쟁』 A. J. P. 테일러 | 16,800원
- 『불량 유전자는 왜 살아남았을까?』 강신익 | 18,000원
- 『유곽의 역사』 홍성철 | 18,000원
- 『글쓰기 꼬마 참고서』 김상우 | 17,500원
- 『나가사키의 종』 나가이 다카시 | 13,800원
- 『조선의 마지막 황태자 영친왕』 김을한 | 14,800원
- 『공무원 생리학』 오노레 드 발자크 | 15,800원
- 『1인자를 만든 참모들』 이철희 | 15,800원
- 『최악의 대통령』 네이선 밀러 | 22,000원
- 『교수의 속사정』 최성락 | 16,800원
- 『히틀러 시대의 여행자들』 줄리아 보이드 | 33,000원
- 『말하지 않는 한국사』 최성락 | 14,800원
- 『황금의 고삐』 프랑수아즈 사강 | 15,800원
- 『하룻밤에 읽는 서양사』 이강룡 | 14,800원
- 『4차 산업혁명 시대에 살아남기』 김지연 | 15,800원

## 마스터피스 목록

### A. J. P. 테일러 시리즈

- 지도와 사진으로 보는 제1차 세계대전
- 지도와 사진으로 보는 제2차 세계대전
- 기차 시간표 전쟁 - 제1차 세계대전의 기원
- 준비되지 않은 전쟁 - 제2차 세계대전의 기원

### 하룻밤에 읽는 한국사 시리즈

- 하룻밤에 읽는 한국사
- 하룻밤에 읽는 한국 고대사
- 하룻밤에 읽는 남북국사

- 하룻밤에 읽는 고려사
- 하룻밤에 읽는 조선 시대사
- 하룻밤에 읽는 한국 근현대사

## 로버트 D. 퍼트넘 시리즈

- 나 홀로 볼링
- 업스윙
- 우리 아이들

## 인간 생리학 시리즈

- 공무원 심리학(오노레 드 발자크)
- 기자 심리학(오노레 드 발자크)
- 부르주아 심리학(앙리 모니에)
- 의사 심리학(루이 후아르트)
- 산책자 심리학(루이 후아르트)